厌学的孩子

11个练习带孩子走出困境

文心·著

机械工业出版社
CHINA MACHINE PRESS

青春期的孩子面临来自学习和人际交往的双重压力，很多青少年出现厌学问题。本书引导青少年的父母正确认识孩子的厌学问题，从产生因素和维持因素两个维度，系统分析了青少年厌学的原因。以此为基础，本书为父母提供了一套解决青少年厌学问题的具体方法，并给出了一系列将方法落地为实际行动的练习，帮助青少年走出厌学的"泥潭"，重建对学习的兴趣和对自己的信心。

图书在版编目（CIP）数据

厌学的孩子：11个练习带孩子走出困境 / 文心著.
北京：机械工业出版社，2024.10. -- ISBN 978-7-111-76680-3

Ⅰ．G442

中国国家版本馆CIP数据核字第2024YOK842号

机械工业出版社（北京市百万庄大街22号 邮政编码100037）
策划编辑：陈 伟　　　　责任编辑：陈 伟
责任校对：李 杉 薄萌钰　责任印制：任维东
北京瑞禾彩色印刷有限公司印刷
2024年11月第1版第1次印刷
145mm×210mm・8.5印张・185千字
标准书号：ISBN 978-7-111-76680-3
定价：59.80元

电话服务　　　　　　　　　网络服务
客服电话：010-88361066　机 工 官 网：www.cmpbook.com
　　　　　010-88379833　机 工 官 博：weibo.com/cmp1952
　　　　　010-68326294　金 书 网：www.golden-book.com
封底无防伪标均为盗版　机工教育服务网：www.cmpedu.com

前 言

我是一名心理咨询师，十几年来，主要从事青少年的心理咨询工作，10~18岁的青少年是我的主要来访对象。这个年龄阶段的青少年心理问题很有共性，抑郁、焦虑、厌学是主要问题。

2023年，我出版了《拥抱抑郁小孩：15个练习带青少年走出抑郁》这本书，获得了家长、学校和咨询师的很大认可。在去各地讲学的过程中，我越来越意识到，比起焦虑、抑郁，家长对厌学问题更加关注。

近年来，厌学的孩子越来越多，很多初中、高中的孩子不想上学，逃避学习，哭闹，发脾气，甚至焦虑、抑郁、休学。

遇到这种情况，很多父母着急却又无可奈何。讲道理孩子听不进去，逼迫、指责和打骂不仅解决不了问题，反而让孩子产生对抗情绪，亲子关系恶化，家庭冲突不断。

面对孩子厌学、拒学，父母应该怎么办？如何让孩子爱上学习，主动学习呢？

为了帮助父母解决问题，我决定专门写一本关于厌学的书。

在青少年的心理咨询中，父母和家庭要起到主导作用，父母提高认识，自我成长，才能有效帮助困境中的孩子。

为了让父母学得会、用得上，我把理论、案例、方法和练习结合起来，从案例中提炼理论和方法，又在案例和互动中展示如何应用和练习。这些方法都是我在多年的心理咨询中经常使用的，希望父母们能够活学活用。

这本书在结构上共包括三个部分：

第一部分是了解厌学的原因，包括两章内容，主要介绍厌学是怎么回事，孩子为什么会厌学。

我提出了一个观点："厌学 = 孩子有困难 + 家长不会帮"。"孩子有困难"是厌学的产生因素，"家长不会帮"是厌学的维持因素。在解决厌学问题时，要像剥洋葱一样，先解决维持因素，再解决产生因素。也就是说家长要先自我成长，然后才能有效帮助孩子解决困难。

第二部分和第三部分都是告诉父母具体如何应对孩子的厌学问题。

第二部分是关于如何消除孩子厌学的维持因素。

一个问题之所以成为问题，有产生的原因，也有维持的因素。解决厌学问题，我们首先需要处理外部的厌学维持因素，帮孩子走出厌学的恶性循环。

第三部分是关于如何解决孩子厌学的产生因素。

厌学的产生因素就是孩子遇到的困难，这些困难可能是学习上的，也可能是人际关系上的。这些困难是导致孩子厌学的实际问题，只有解决了这些问题，才能掐断孩子厌学问题的源头，防止厌学问题复发。

为了保护每一个来访者，书中的所有案例都是编写的。它们来自真实生活，但不是真实个案，请勿对号入座，也不要评价和揣测。

这本书能够出版要感谢很多人。首先要感谢机械工业出版社的编辑，在这本书的出版过程中，他们不厌其烦地和我一遍遍地沟通、调整、改进，付出了大量心血。

同时要感谢渡过平台。渡过是国内最早专注于抑郁问题的科普平台和互助社区，近些年着力为青少年提供全方位的支持。从2023年年初开始，我参与讲授了渡过的很多课程，特别是厌学家长营，期间得到云姐和香枝的大力支持，在与梁辉、和英两位老师的合作中收获很多，在此深表感谢。

最后，我还要感谢女儿丁丁，她和我一同经历了这本书从无到有的全部过程，相信这段美好的创作经历将镌刻进我们彼此的内心深处。

社会发展快，养育孩子越来越不容易。孩子碰到的各种困难，往往也正是父母面临的新问题。现在已经有越来越多的父母认识到，"父母好好学习，孩子才能天天向上"。只有父母不断成长和提高，越来越有力量，才能够真正帮助孩子，孩子的路也才会越走越宽！

愿更多的父母能踏上成长之路，深深地祝福你们……

文 心

目　录

前　言

1

厌学的孩子

第一部分
了解厌学
的原因

第一章　厌学不是孩子有问题，
　　　而是孩子有困难

1 孩子厌学，父母常见的三个误区

在此，我想先讲一个孩子的故事。我将从两个角度来讲述这个故事，一个是妈妈的角度，一个是孩子的感受。

妈妈眼里的厌学

现在女儿佳佳都读初二了，别的孩子都在使劲努力，她倒好，回到家磨磨蹭蹭，一点儿书都不看，也不写作业。说她两句，她就发脾气，不想上学。

医院我们去过，孩子身体没啥问题。她在家的状态挺好的，一天到晚拿着手机。我觉得她就是厌学，学习态度不端正，不想吃苦，遇到困难就退缩。

她经常说同学对她不好，我觉得她的认知很偏激，总把别人往坏处想，爱指责别人，不会反思自己的问题。

这学期成绩又下降了。一年后就要中考，现在不努力，以后怎么办啊……

孩子眼里的厌学

我好难受啊，每天都胸闷、心慌，情绪低落，一到学校就很想哭，上课很难集中注意力，没办法专心学习，特别压抑。

这学期成绩下降了很多，我觉得自己真没用，什么都干不好，难怪我妈总说我，我辜负了父母的期待，很对不起他们。

为什么状态差？我也说不清楚，可能跟同学有关吧。

现在我一个朋友都没有，特别孤单。上学期有一个好友，是我唯一的朋友，最近突然不理我了，班里的女生也都不跟我说话，眼神怪怪的，好像在议论我。

我不知道怎么回事，肯定是我不好啊，要不为什么别人都有好朋友，就我没有呢。

我跟妈妈说过这件事，她把我训了一顿，说我太敏感太自私，让我别胡思乱想，把精力放在学习上。

唉！我也想好好学习，可根本控制不了自己。上课很难集中精力，胸口闷，很心烦。下了课更难受，无缘无故就会哭起来了，我真讨厌自己！

一个故事，两个截然不同的版本。为什么妈妈和佳佳的讲述差异这么大？如果妈妈这样认识厌学，能够帮助到佳佳吗？

面对孩子厌学，父母常常会陷入三个误区：

（1）厌学是孩子"有问题"

"孩子是个学生，学生就应该好好学习，不认真不努力就是不对，没有什么道理可讲！"在很多父母的认知里，这样的观念根深蒂固。

厌学就是孩子"有问题"。别人都能学习，为什么你不能啊？学习这么重要，怎么能不想学习呢？这样的想法就是"有问题"，不可理喻。

父母发现孩子厌学，不问青红皂白就说孩子"有问题"。这种评价会一下子把孩子打倒在地。

这些父母只会简单粗暴地指责孩子，不会探究其中的原因，也不愿意跟孩子深度沟通。

厌学不是孩子"有问题"，而是孩子"有困难"

每个孩子在成长过程中都会遇到困难，有学业上的，也有人际关系上的。

如何处理和好朋友的关系，对佳佳来说，是一个很大困难。她不知道怎么办，无人倾诉，没有人帮她。这些困难卡住了她，让她一直被伤心、难过、焦虑、自责、无力等负面情绪困扰。

学习不仅需要一个好身体，也需要一份好心情。一个人只有在身体健康、心情舒畅的情况下才能好好学习。

佳佳不是不想学习，而是无力学习。被负面情绪困扰的佳佳，根本无法集中注意力。

父母希望佳佳"把精力用在学习上"，孩子不是不想，而是真的没有办法做到。

孩子不是"有问题"，而是"有困难"。

父母改变认知，才能理解和体恤孩子，而不是评判孩子、指责孩子。

（2）厌学是学习态度问题

对于孩子的学习成绩，我们常常有两种归因：一是智商，二是学习态度。

孩子成绩好，我们就夸他"真聪明，脑子好使"。孩子学习不好，就是"学习态度不端正，不认真，不努力"。

这么说来，厌学肯定是一个学习态度问题。就像佳佳，身体没毛病，脑子也不笨，应该好好学习才对，可她就是不努力，拖拖拉拉，逃避作业。

在很多父母看来，这就是学习态度不端正啊，对学习重要性认识不够，思想不正确，学习不自律，不认真，不能吃苦，偷懒好玩。

厌学不是学习态度问题，而是情绪情感问题

现在越来越多的家长知道抑郁和焦虑是心理问题，这类情绪情感问题会影响孩子正常的生活和学习状态。

厌学也一样。

厌学是一个复杂的问题，是心理问题和现实问题的叠加。父母不能只关注孩子学习上的表现，走进孩子的内心世界，才能找到解决厌学问题的钥匙。

孩子排斥学习，不想去学校，这是外在的行为表现。孩子的内心世界是什么样的呢？他们在想什么？心里有什么感受？

厌学中的"厌"就是讨厌、厌恶、憎恨、不喜欢，这是一种负面情绪，带着强烈的否定和排斥。当我们讨厌一个人、一件事，就会本能地远离和躲避。因为趋利避害是人的本能。

比如，大家都厌恶苍蝇蚊子，想想那是什么感觉？如果孩子对学习或者学校产生了这种不喜欢和讨厌，他们就会本能地拖延、躲闪和回避。

（3）父母只想纠正孩子的行为

孩子不想学习，不想上学，是最挑战父母神经的事情。既然孩子"有问题"，父母责无旁贷，就应该指出错误，纠正问题。

有的父母指责批评，有的父母苦口婆心地讲道理，有的父母给孩子报各种班，强迫孩子去上，还有父母情绪失控，打骂孩子。

目的只有一个——改变孩子的行为，让他们回到学校，好好学习。

效果怎么样呢？

道理讲了一车，嘴皮子都磨破了，孩子一句也听不进去，所有的建议都被一一驳回。

批评、指责，孩子更是反感，要么不高兴不理人，要么大吼大叫发脾气，要么关上门玩游戏。很多家庭因此陷入恶性循环，亲子关系恶化。

厌学不能只纠正行为，要关注孩子的整体状态

有的父母说，现在社会压力这么大，谁能天天都开心？焦虑、抑郁、不快乐是正常的，没有什么大不了。不高兴也得学习啊，不能让情绪影响正常生活。

这种说法既对又不对。

如果只是心里不高兴，我觉得问题不大。每个人都会有这样的时候，碰上件不顺心的事就会影响心情。一般来说，这样的情绪不

会持续很久，过一会儿或者第二天也就过去了。

可如果负面情绪持续下去，一直化解不了，那问题就不一样了。

当孩子不写作业，断断续续请假或者拒绝上学时，厌学肯定不是一天两天了，可能已经从单一的情绪不佳发展成一种困扰孩子的厌学状态。

处于厌学状态就不单单是暂时的情绪感受问题了，它已经泛化和影响到生活的方方面面，使孩子在情绪、想法和行为上呈现出一些非正常的表现。

——有些孩子会有一些身体表现，如失眠、心慌、胸闷、胃痛、头晕等。

——有的孩子有很多消极、负面的想法，对自己、他人、学校以及学习充满否定和不认可。如："这个学校不好，老师也不好""我不优秀，不如不学""没人喜欢我""努力也没用，什么也改变不了"。

——有些孩子会情绪失控，陷入纠结痛苦中，容易烦躁、发脾气，打骂别人或者伤害自己。

——有的孩子一头扎进网络和游戏世界，完全把自己隔离开，不跟他人交往，不出门，不说话。

家长关注厌学，一定不要只关注孩子学没学习，是不是在玩手机这些外在行为，更要关注到孩子的整体生活状态。

2 厌学＝孩子有困难＋家长不会帮

小昊，是一名高中一年级男生。他从小学习优秀，小学和初中上的都是重点学校，父母期望很高，希望他考入重点高中，考上名牌大学。

可是，小昊中考没考好。

刚开始小昊对这个结果非常抗拒，除了最好的重点高中，不接受其他学校。后来，班主任找他谈话，小昊无奈自己选了一所学校。父母认为这所学校不如另外一所学校好，强制小昊更改了选择。

进入新学校，小昊什么都看不惯，"老师没水平""同学是学渣""学校太小了""饭菜太差"……

就像泄了气的皮球，小昊做什么都提不起精神，不想学习，不想写作业，一放学就看手机玩游戏。

父母非常着急，经常指责小昊。一次吵闹中，爸爸把小昊的手机摔烂了。

从那以后，小昊彻底摆烂，不跟父母说话，也不去上学，每天都在自己房间玩游戏，日夜颠倒。

（1）厌学是谁的错

孩子厌学是谁的责任？

如果只盯着上不上学，学不学习，责任肯定在小昊。可如果全面了解小昊的故事，你会发现，单纯责怪孩子也不行。厌学并不是他一个人的错。在整个过程中，父母有很大责任。

首先，父母对小昊要求很高，总是给他灌输一个观点："只有上重点学校才有出息，其他学校都不好，考不上重点就没前途。"

重点学校等于有前途，普通学校等于没前途。小昊对此深信不疑。从小到大，他心里就容不下"普通"两个字。

当小昊考试受挫，父母的处理方式也有问题。他们没有看见孩子的挫败和难过，没有一起讨论择校问题，而是自作主张选定了一所学校，要求孩子必须接受。

最后，当小昊表现出厌学行为，父母仍然看不见他的痛苦，一味地指责和要求。失望、难过、愤怒、委屈、厌恶、排斥……小昊的负面情绪越来越多，索性就不学、不想、不听、不说，自我封闭起来。

咱们总说"学习是孩子自己的事"，但实际上，从幼儿园开始，学习就从来不是孩子一个人的事。父母得帮着孩子选学校，辅导作业，选课外班，还得来回接送，和老师沟通……从大的发展方向到小的学习目标，学习都是一家人的事。

既然学习是一家人的事，厌学当然不是孩子一个人的错。孩子厌学，家庭、学校和社会都有责任。

（2）无助的孩子 + 无力的父母

厌学发生在孩子身上，但有问题的并不只是孩子。孩子只是"替罪羊"，让问题呈现出来而已。

在这儿，我想给大家一个概念，从一个整体观和系统观的角度重新定义厌学：

厌学＝孩子有困难＋家长不会帮

孩子有困难是起点。这个困难可能是学习上的，也可能人际关系上的，像小昊就是遇到了中考失利的这个困难。

孩子遇到困难很正常，成长就是一个不断解决困难、发展能力的过程。

从出生到成年，孩子的成长伴随着各种各样的困难。小时候可能是学说话、穿衣服、去幼儿园、和小朋友争玩具，初高中就是应对考试、学习、交友、人际冲突等，再大一点可能还有恋爱、就业、金钱方面的困扰。

孩子是未成年人，很大程度上依赖父母。当他们遇到自己解决不了的困难，如果父母能够提供及时、有效的帮助，这个困难很快就会过去，孩子也会因此成长，在自己的轨道上继续向前。可如果父母无法及时提供有效的帮助，孩子自己也解决不了问题，就会被困难卡住。

在这里，我要特别强调**及时**和**有效**。几乎全部的厌学案例中，父母都是没有为孩子提供及时且有效的帮助。

有一些父母的帮助不及时，不重视情绪情感问题，低估情绪情感问题的严重性，反应严重滞后。

还有一些父母的帮助没有效果，他们知道孩子有困难，也做了很多努力，比如讲道理、催促、指责等，但效果不好，起不到真正帮助孩子的作用。

无助的孩子加上无力的父母，孩子的困难就会被维持下去。

现实困难解决不了，孩子就会不断体验糟糕的情绪。一生二，二生三……负面情绪越来越多，就像打翻了五味瓶，在孩子的内心世界汇聚、发酵、转化。

（3）厌学是孩子无声的求助

孩子的负面情绪越来越多，内心就越来越失衡。这种失衡是怎么表现出来的呢？

通过厌学。

孩子的世界非常小，主要就是学习。学习几乎是初高中孩子的全部。孩子的内在状态不好，就会影响学习。而学习，恰恰是父母最关注的焦点。

很多焦虑、抑郁的孩子都是因为影响到学习了才引起父母的关注。如果不厌学，孩子的情绪和情感问题常常不会得到重视。

厌学是孩子本能的自救。

当孩子陷入困境，厌学会让他远离痛苦，隔离困难，这是潜意识里的自我保护——让自己远离痛苦，好过一点。

心理学大师弗洛伊德把人的意识分为意识和潜意识。在潜意识中，我们每个人都有自救的能力。情绪反应就是在自救。每一种情绪都有功能。

比如愤怒常常会让人发脾气，伤害彼此的关系。但正是愤怒，会让我们自我保护，捍卫自己的权利。

再比如难过，没有人喜欢难过，但在哀伤中，自我疗愈才会开启。难过其实是为了跟过去说再见。

厌学既是孩子的自救，也是向父母无声的求助。

孩子在用厌学的表现告诉父母："爸爸妈妈，我陷入了困境，自己解决不了，我内心很痛苦、很无力，希望你们能够看见我，帮帮我。"

（4）解决厌学问题，关键在父母

孩子厌学了，就是父母该成长学习的时候了。

生孩子容易，养孩子难。好父母不是天生的，是"学习"出来的。

生活中几乎所有的事情都需要学习，烹饪、唱歌、骑自行车，学习一门技能或专业，都得花很多时间和精力去学、去练，做父母也一样。

现代社会竞争激烈，养孩子的时间越来越长，养育要求也越来越高，这些都决定了"做父母"这件事得不断学习。

孩子成长的各个阶段对父母的需求也不一样。只有和孩子一起成长，才能应对十几年，甚至二十几年的"养育生涯"中的各种问题。

不少父母问："孩子厌学一定是父母做错了吗？厌学就代表家庭教育有问题吗？"

这个问题非常复杂，是孩子自己的问题还是父母的错？是爸爸犯了错还是妈妈的责任多？一旦我们陷入这样的纠错模式，就会把注意力引到相互指责上。对于深陷困境的家庭来说，这是一种内耗，无益于解决问题。

不管是谁的错，父母都是解决问题的人。

孩子是未成年人，不管他们遇到什么困境，父母都有责任有义务帮助他们解决问题。

解决厌学问题，需要孩子和父母共同努力。在这个过程中，父母要承担主要责任。

初高中阶段的孩子说大不大，说小不小。在一个由孩子向成年人过渡的过程中，他们需要承担必要的责任，但是承担不了所有责任。

孩子厌学就是被困境卡住了。厌学之前，他们一定尝试了自己能够想到的所有办法。到了这个时候，他们已经深陷困扰，无力解决问题了。

而父母是孩子的"救星"，是孩子的"药"。

父母能够把厌学看成"我们的问题"，而不是"你（孩子）的问题"，这种勇于承担和负责的态度有利于孩子敞开心扉，信任父母。只有父母和孩子建立合作联盟，才能真正解决厌学问题。

3 厌学的三个阶段和三个特点

（1）厌学的三个阶段

根据孩子厌学程度不同，我们大致可以把它分为三个阶段：抵触阶段—矛盾阶段—放弃阶段。

● 抵触阶段：轻度厌学

在这个阶段，孩子内心有些负面情绪，行为上有些抵触，如上课不用心，写作业不认真，拖拖拉拉，总想看手机等。

对于学习，孩子有的地方喜欢，有的地方不喜欢。比如喜欢上语文课，但不喜欢写作业。学习状态不太好，做其他事状态还可以。

此时，孩子厌恶的东西比较具体，比如写作业、讨厌某个老师、对同学有意见等。

● 矛盾阶段：中度厌学

在这个阶段，孩子陷入上学时断时续的状态，有时候能正常上学，有时候请假两三天。情绪好状态就好一点，情绪差状态就会很差。

孩子的内心有一些矛盾和冲突，比如：一方面不想学习或者学不下去，一方面又觉得不学不行；不想付出努力又期待好成绩；表面上说不在乎，对他人评价却特别敏感，等等。

孩子内心很焦虑，常常纠结、内耗、烦躁，就像被各种情绪和想法撕扯一样，呈现出一种不稳定的挣扎状态。

● 放弃阶段：重度厌学

在和困难对抗、内心挣扎一段时间以后，孩子败下阵来。在这个阶段，他们内心充满挫败和无奈，呈现出一种"认命摆烂"的状态，彻底不学习不看书了，有些孩子休学请假了。

孩子极度厌恶一切跟学习有关的事。

有些孩子脾气很大，听不进任何建议，常常情绪失控。

有些孩子干脆和外界隔离，待在自己房间上网打游戏，日夜颠倒，看上去对什么都不在意、不关心。

在这个阶段，很多孩子都陷入了一种抑郁状态。

（2）厌学的三个特点

从以上三个阶段综合起来看，孩子厌学呈现出三个特点：

• 问题由具体到泛化

在抵触阶段，孩子厌恶的点很具体，考试没考好、被老师批评、和同学冲突，这都是一件件很具体的事。

随着厌学的深入，孩子反感的东西会扩展和泛化，变成不想学习，不想上学。

• 厌恶情绪越来越深

随着问题的泛化，孩子情绪也在变化。

由事到人，再到一切，从厌恶学习到厌恶自己再到厌恶所有，呈现出一种从厌恶学习到贬低自己，从反感他人到反感一切的变化。

• 孩子能量越来越低

负面情绪很消耗人，内耗比外耗更辛苦。当孩子内心充斥着各种负面情绪，就算这一天没有学习，他也会很累。

由对抗到上学时断时续，再到彻底摆烂，孩子的内在能量被逐渐消耗。到了放弃阶段，孩子的能量已经非常低，快坚持不住了。

（3）早识别早干预

在很多人的认识里，孩子有没有厌学就像一枚硬币的两面，要么有，要么没有。这面是讨厌学习，那面是喜欢学习。

这种两分法太简单化，太绝对化了。

厌学更像一把尺子，程度从小到大有不同的刻度。大部分孩子不是在 0 或者 100，而是在这把尺子的某个区间发展变化，比如从

30 到 70。

父母一定要重视孩子厌学早期的各种表现，如果能够及早发现及时干预，孩子和家庭就可以不必为之付出很大代价。

如果孩子的问题已经发展到抑郁或者休学的阶段，父母才重视，小状况已经积累成了一个大问题，这时父母要做好心态上的准备，冰冻三尺非一日之寒，这可能是一场持久战。

4 厌学是大脑无法进入学习区

（1）舒适区—学习区—恐慌区

密歇根大学商学院教授诺尔·迪奇研究发现，人类对于外部世界的认识可分为三个区域：**舒适区**、**学习区**和**恐慌区**。他给这三个区域的命名非常形象，让我们一目了然。

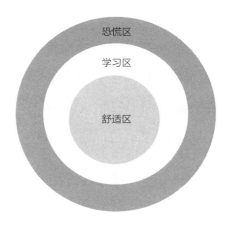

舒适区：

舒适区就处于一个比较舒服的状态，在熟悉的环境里做着在行的事情。

压力小，挑战少，这个时候孩子的安全感最足，从身体到心理都呈现舒展的状态。

《西游记》中，孙悟空外出时会给唐僧画一个圈。只要师傅不出这个圈，他就是安全的。外面妖魔鬼怪再怎么折腾，也伤不到他。这个圈就是唐僧的舒适区。

舒适区好像有一个无形的边界，把外面的陌生、危险、挑战、困难全都隔开了。在这里，安全和舒服就是最大的收获。

学习区：

学习区就是走出舒适区，跳出熟悉的领域，面对新问题，接触新鲜事物，从中不断学习和成长。

一旦走出舒适区，面对不熟悉的环境和变化，可能就会有压力，就不那么舒服。但基本上，孩子可以忍受这种不适。情绪可能会有波动，有时候焦虑，有时候欣喜，但基本不会偏离太多。

在学习区，舒服不是目标，应对挑战、学习新知识新技能才是孩子想要的东西。这是一个不断学习，不断成长进步、螺旋上升的状态。

恐慌区：

在恐慌区，孩子会感到忧虑、恐惧、不堪重负。

此时，压力和挑战超出了孩子心理能够承受的范围，孩子紧张、胆怯、害怕，力不从心。

因为不能胜任，孩子的心理感受非常差，容易自我怀疑、自我否定。很多时候，脑子里只有一个念头："这件事什么时候才能结束？我受不了了，我不想干了，我想逃。"

舒适区—学习区—恐慌区，对照这三个区域，你可以想一想，孩子目前处于哪个区域？他内心的感受可能是什么样的？

（2）要么在恐慌区挣扎，要么在舒适区徘徊

当孩子厌学时，他们的大脑要么处于舒适区，要么处于恐慌区，要么在恐慌区和舒适区来回摇摆，基本上无法稳定在学习区。

我有一个小来访者，是一个小学生高年级的男生。他对手机和游戏特别上瘾，不愿意学习，被老师批评了就请假不去学校。

他告诉我，他害怕老师批评，上学让他很紧张。

他常常请两天假再去上学，上两天学再请假，反反复复。家长认为，这是孩子没有毅力，虎头蛇尾，干什么事都不能坚持的表现。

其实，孩子就是在恐慌区和舒适区之间来回摇摆。

去上学，孩子就处于恐慌区，紧张、焦虑、害怕，一旦老师批评他或者考试没考好，就是雪上加霜。让他难受的情绪太多太大，他承受不住了，退回到家里。家里就是孩子的舒适区。孩子回到家里，整天都沉浸在手机里，好像避世疗伤一样，在这里孩子才能放松舒展开。

在家里待了几天以后，家长的焦虑越来越高，孩子自己的焦虑也超过了玩游戏的舒适感，他就会走出舒适区，回到学校再次陷入恐慌区，又一个循环。

5 孩子很聪明，为什么学不下去

在很多人的认识里，学习是智力问题。夸孩子学习好，我们常说"这个孩子很聪明"，"聪明"就是智商高，智力发育得好。

孩子智商高，学习就一定好吗？

我觉得不一定。

有些孩子脑袋聪明，却不想学习，学习动力不足，学习习惯不好，成绩好不了。还有些孩子很聪明，也很想学，却学不下去，这是怎么回事呢？

越来越多的研究发现：**学习不仅仅是智商问题，更是情商问题**。孩子的情绪会大大影响他的学习状态。

学习需要智商，也需要情商。

（1）智商和情商

大脑智力分为智商和情商。

智商就是智力商数，是衡量个人智力高低的标准。按照法国心理学家比奈编制的智力量表，一般人的平均智商为100，正常人的智商呈现正态分布，大多在85~115之间。

智商主要反映人的认知能力、思维能力、语言能力、观察能力、计算能力等。也就是说，它主要表现为理性的能力。

与智商相关的脑区是大脑皮层，特别是主管抽象思维和分析思维的左半球大脑。

情商主要反映一个人感受、理解、运用、表达、控制和调节情感的能力，也体现了我们处理人与人之间的情感关系的能力。

情感常常走在理智的前面，它是非理性的。

与情商相关的脑区是大脑的边缘系统，以及对情绪情感有加工和控制作用的右半球大脑。

（2）孩子的情绪会影响智商

智商主要靠遗传，但是人的智力不是一成不变的，会受到很多因素的影响。

心理学研究发现，后天养育，特别是 0～3 岁的养育环境对孩子的智力发育影响很大。母乳喂养，改变不良饮食习惯，营造具有启发和积极刺激的环境，使孩子拥有较好的情绪，都会促进孩子的智力发育。

不仅如此，积极正向的情绪情感对孩子的成长和学习还有更加深远的影响——情商会通过影响孩子的兴趣、意志、毅力，加强或弱化学习的驱动力，从而影响学习的状态和效率。

研究发现，智商不高而情商较高的孩子，很多时候会比单纯高智商的孩子学得更好，成就更大。因为锲而不舍的精神使孩子勤能补拙。

情商之父丹尼尔·戈尔曼告诉我们，情商包括五个方面的能力：

- 认识自身情绪的能力
- 妥善管理情绪的能力
- 自我激励的能力

- 认识他人情绪的能力
- 管理人际关系的能力

归纳起来就是：认识自己，管理自己，激励自己，认识别人，管理关系。

当孩子厌学的时候，以上五个方面都会出现问题：孩子不能认识、处理自己的情绪，无法自我激励完成学习；孩子不会处理自己和他人的关系，人际关系出现问题，因此陷入负面情绪，回避去学校。

（3）孩子情绪差，无法好好学习

健康的情绪，良好的人际关系是幸福的源泉，对每个人都非常重要。情商不仅会影响学习状态，更会影响孩子的生活状态。

情绪是身体里游移的能量，管理好情绪就是管理好自己的能量。

如果把人比喻成一驾马车，情绪就是马。人是由情绪推动的。控制马的工具叫缰绳，管理情绪的工具叫情商。

如果马受惊失控，马车就会翻。如果人的情绪失控，人就会痛苦、纠结、生病，做出伤人害己的事。

我们常常说"不要在愤怒的时候做决定"，因为当一个人很愤怒的时候，大脑无法正常思考，无法做出理性明智的决定。

当孩子深陷负面情绪的困扰时，他是无法好好生活、好好学习的。

对于这一点，我相信每个人都有体会。比如，如果你最近几天情绪很差，睡眠不好，就会发现大脑很难集中注意力，记忆力会受影响，经常忘事，大脑的反应也会变慢。

仅仅几天情绪差就会造成这样的影响，如果时间一长，持续两个月或者一个学期，孩子的大脑状态会是什么样的呢？

负面情绪会影响大脑功能，即使孩子重视学习，很想提高成绩，大脑也很难正常工作。

在孩子的成长过程中，父母一般很注重对孩子智商的培养，报各种课外班，做训练做练习，但对孩子情商的培养却比较忽视。

你可以回想一下，在孩子的成长过程中，你对智商培养的投入有多少？在情商培养方面又做了什么？

6 学习这么重要，孩子为什么会逃避

学习这么重要，孩子为什么会逃避？

有些父母认为这是孩子不懂事，不知道学习的重要性。请相信，以现在的学校和家庭环境，恐怕没有孩子不知道学习有多重要。

孩子逃避学习并不是他们认为学习不重要，而是因为他们的大脑处于防御模式。

在这种模式下，孩子就像一个被伤害的小动物，完全被紧张、害怕、厌恶的负面情绪掌控，他们非常敏感，高度警惕，处于或战斗或逃跑的模式中。

（1）防御模式和发展模式

让我们一起想象一个场景：一个原始人在丛林里狩猎。忽然，一阵沙沙声，树枝摇摆，他发现好像有一只老虎站在不远处。

在这命悬一线的瞬间，会发生什么？

这个人会感觉到强烈的紧张和害怕，心跳加快，血压升高，更多的血液由心脏泵向四肢，手臂和腿部肌肉快速充血。此时，消化系统、生殖系统统统休眠，大脑高速运转，肾上腺素大量分泌，交感神经兴奋，身体和心理同时做好了战斗或者逃跑的准备。身体的这些反应是在一瞬间发生的，不受理性支配。

这种状态我们称为防御模式。

防御模式就是一个人进入防御状态，要么战斗、要么逃跑的模式。当感觉到有危险，我们会一下子变得精神紧张，高度警惕。此时身体发生的一切都是为了抵御危险，活下来是第一要务。

与防御模式相对应的是发展模式。

发展模式就是一个人进入放松舒展的状态。此时外界没有威胁，人们紧张的神经没有被激活，会感觉安全放松，情绪平和稳定。

防御模式和发展模式是人类进化的伟大智慧。为了能够生存下来，人类大脑进化出一套自动反应机制——先生存，再发展。威胁来了先防御，安全了再谈发展。

（2）孩子为什么会进入防御模式

我们都知道大脑有左右两个半球，并且左右脑侧重不同功能。除了这样的划分，大脑还可以划分成上下两个主要区域：上层大脑和下层大脑。

下层大脑包括脑干和边缘区域，位于大脑较低的部分，从脖子的上端到鼻梁的位置。

科学家发现，这些较低的区域更为原始，它们负责控制与人生存相关的活动（比如呼吸、眨眼等）、与生俱来的反应和冲动（比如躲避、发脾气等）和强烈的情感（比如愤怒、焦虑、恐惧等）。

其中，边缘系统区域也被称为情绪脑，里面有个酷似杏仁的地方叫杏仁核，是一个情绪处理中心，对我们所说的负面情绪，比如恐惧、焦虑、害怕和愤怒尤其敏感。

当孩子处于焦虑状态时，他们的下层大脑正在工作，此时杏仁核被高度激活。

上层大脑包括大脑皮层及其各个部分，尤其是额头后面的部分。

与下层大脑不同，上层大脑进化程度更高，这是人类特有的高级功能。

大脑皮层被称为理性脑，主要负责逻辑、判断、理性、决策、控制冲动这些较高级的功能，孩子学习主要运用到大脑皮层。

建房子要先盖好下层，再盖上层，大脑也一样，只有下层大脑处于平静无干扰状态，上层大脑才能正常运转。

情绪脑比理性脑更"本能"。

如果说理性脑是为了让我们生存得更好，那么情绪脑就是单纯为了让我们活下去。而这也决定了情绪脑比理性脑更容易被激活。

（3）学习时大脑必须处于发展模式

学习靠什么？有人说靠兴趣，靠认真，靠毅力……

归根到底，学习要靠大脑。孩子想要好好学习，大脑必须处于发展模式。

此时孩子感觉安全放松，没有危险和威胁，情绪脑安静稳定，这时用于学习和成长的理性脑才能正常运转。

然而，很多孩子没有这么幸运。

由于学习挑战或者人际关系的原因，孩子会遭遇各种负面情绪，此时情绪脑就会被激活，而理性脑没有办法发挥作用。

所以，孩子厌学、焦虑、抑郁时，大脑就一直处于防御状态，也就是处于或战斗或逃跑的模式之下。

在这种状态下，即使孩子知道学习很重要，自己也很想考个好成绩，但大脑不支持，孩子会感觉到"无法平静下来""无法集中注意力""心里烦躁学不下去"。

要进入学习状态，大脑必需处于发展模式。父母的重要工作就是帮助孩子平复情绪，完成从防御模式到发展模式的转变。

我们常常说，一个人闹起情绪来就像个小孩子。情绪脑就像一个婴儿，当婴儿饿了、渴了、哇哇哭的时候，讲任何道理都是没有用的，你得先安抚好他。孩子不哭不闹了，才能恢复成一个理性的人。

所以，做孩子的情绪情感工作是厌学干预中最重要的一个环节。

| 本章小结 |

- 改变对厌学的错误认识：厌学不是孩子"有问题"，而是孩子"有困难"；厌学不是学习态度问题，而是情绪情感问题；厌学不能只纠正行为，要关注孩子的整体状态。
- 厌学 = 孩子有困难 + 家长不会帮。解决厌学问题，关键在父母。

好父母不是天生的，是"学习"出来的。

- 厌学的三个阶段：抵触阶段—矛盾阶段—放弃阶段，父母要早识别早干预。

- 当孩子厌学，大脑无法处于学习区，而是会经常在舒适区和恐慌区摇摆。

- 学习需要智商，也需要情商。情商会影响智商。情绪稳定才能专心学习。

- 孩子学习，大脑需要处于发展模式。可当孩子被负面情绪困扰时，大脑本能地处于防御模式。情绪平复下来，才能去学习。

互动练习 1

定位厌学表现

（1）孩子有哪些厌学的表现？请在下列选项中选择与孩子行为匹配的选项，在它们后面的方框中打"√"。

成绩下降□　写作业拖延□　抵触写作业□

完全不写作业□　注意力不集中□　头晕□　头疼□

坐不住□　无法专心学习□　开心□　平静□　烦躁□

焦虑□　抑郁□　愤怒□　纠结□　内耗□　难过□

无助□　害怕□　看手机□　玩游戏□　起床困难□

不出门□　饮食紊乱□　日夜颠倒□　不下床□

讨厌老师□　讨厌同学□　讨厌学校□　恐惧社交□

断断续续请假□　拒绝上学□　自我封闭□　摆烂放弃□

其他表现：_____

（2）你认为孩子处于厌学的哪个阶段？

抵触阶段□　矛盾阶段□　放弃阶段□

第二章 究竟是什么导致了孩子厌学

1 导致厌学的两类因素

一粒种子要长成参天大树，需要具备各种条件：合适的环境，肥沃的土壤，足够的阳光，丰沛的雨水，合适的温度，还得没有雷电劈，没有洪水淹，没有蝗虫和病害，没有人肆意砍伐，最后还得有足够的时间。所有这些条件都具备了，这粒种子才能长成一棵大树。

孩子厌学原因也同样复杂，从微观到宏观，从孩子个人到家庭，从学校再到社会，是多种因素相互影响，一起作用的结果。

综合来看，孩子厌学的原因可以分为两大类：产生因素和维持因素。

产生因素：

产生因素是孩子厌学的最初原因。

厌学在一开始其实就是孩子遇到了一些困难，这些困难有学习上的，也有人际关系上的，比如学习压力大，考试受挫，交不到朋友，被同学欺负，等等。

孩子遇到困难，不会立刻厌学，但他们内心充满负面情绪。如考试带来的紧张、焦虑，成绩下降带来的难过、受挫，因被同学欺负而伤心、委屈，等等。

孩子遇到困难需要帮助，这些负面情绪也需要被疏导和处理。很可惜，很多孩子得不到周围人的关注和帮助，情绪也不会被理解。

老困难加上新困难，问题越积累越多，孩子负面情绪也就越来越多。时间一长，小雪球慢慢变成大雪球，孩子就会朝着厌学一步步发展下去。

维持因素：

一颗小树叶子黄了，如果园丁能够及时发现，并找出原因，该浇水浇水，该杀虫杀虫，小树很快就会恢复健康。

可如果园丁没有及时注意到，或者采用不当的处理方法，喷错了药，给多了水，小树的状态就会越来越差。

园丁的处理就是小树苗不良状态的维持因素。

一个问题，有产生的原因，也有维持的原因。如果问题总是能够很快被解决，维持不下去，问题也就不会成为问题。

当孩子遇到困难，自己解决不了，往往一开始都不是大问题，只要父母能够帮助孩子疏通和化解，他们的状态很快就会得到改善。

比如，一个孩子因为和同学有矛盾不想上学，只要这个矛盾解决了，孩子就不会厌学。但如果矛盾没有被重视，孩子一直卡在负面情绪里，越来越痛苦，越来越难过，他可能就无心学习，成绩不断下降，慢慢发展成厌学。

2 厌学的产生因素

厌学的产生因素，就是孩子所遭遇的让他不想学习、不想去学校的那些困难。一个孩子会遭遇哪些困难呢？

孩子的生活很简单，无非就是学校和家庭。两点一线之间，学习是主要内容，除此之外还有人际关系的问题。

厌学的产生因素主要集中在以下五个方面：

（1）没动力，不想学习

"为什么要学习？为了以后找工作？为了赚钱养活自己？我觉得这样活着很没有意义。"我经常听到很多孩子这么问。

这些孩子都有一个共同的困扰——缺乏学习的内在动力，不认为学习这件事对自己的成长和未来有什么价值和意义。

不仅学习如此，生活中其他的事情也是一样。活着就是吃喝拉撒，工作就是谋生，生活就是琐碎无趣。现在不想学习，以后不想工作，不想结婚，不想生娃……人生就是一场虚无，没有什么价值和意义。

无论做什么事都得有动力，没有动力就没有行动。

没有学习动力，孩子就不会主动学习，表现出来就是被动不想学，疲于应付，拖拖拉拉。面对学业上的困难，动力不足的孩子很容易放弃和逃避。

初中和高中阶段学业难度加大，如果孩子缺乏学习动力，又没有良好的学习习惯，很难迎难而上，容易逃避摆烂。

（2）压力大，焦虑内耗

学习这件事，孩子不一定有动力，但压力却是无处不在。基本上所有初高中的孩子都不得不长久生活在高压环境下，起早贪黑，视力下降，睡眠缺乏，这是普遍状态。

最常见的压力来自父母的高焦虑、高期待和高要求。父母对学业过分焦虑，整天盯着孩子学习。孩子一有松懈就被训斥指责，在家里比在学校里还紧张。

家成了第二个学校。孩子从一个学校到另一个学校，始终处于高控制和高压力的环境，没有一点儿放松和缓冲的恢复空间。

压力带来的焦虑不仅会对孩子学习会造成负面影响，还会严重影响孩子的身心健康，很多孩子因此焦虑、抑郁、厌学。

（3）受挫败，习得性无助

孩子什么时候会遇上困难？

考试是一个卡点。考试前容易有压力和焦虑，考试后容易引发挫败和抑郁。

孩子厌学常常跟挫败感有关。有些孩子是在某次考试后才出现不想学习的情况的，有些孩子被老师当众批评以后，不想写作业，不想上学。

20 世纪 60 年代，美国心理学家塞利格曼在对小狗电击的实验中发现了习得性无助的现象：无助和摆烂不是天生的，而是在不断受挫中慢慢习得的。

当孩子被打击，陷入挫败感，会进入一种痛苦、无助的状态。这种状态一旦持续，孩子就会产生自我怀疑、自我否定。

孩子会认为：我不光是这一次考不好，以后也不会考好，我的未来都完蛋了。我是个失败者，没有任何能力，做不好任何事。

带着深深的无助感，孩子就会厌学，躺平摆烂。

（4）难以适应新环境

除了考试，孩子还有一个明显的卡点，那就是开学，特别是刚刚进入一个新环境，比如：刚入幼儿园，小学一年级，初一、高一、大一，或者转学、寄宿、出国……当孩子需要适应一个新环境时，很多孩子会遇上困难。

环境适应困难有很多原因，有孩子的原因，有环境原因，也要看孩子和环境是否适配。

有些困难不能责怪孩子，是家长在升学、转学、择校时没有考虑周全，只关注某些优势，没有全面考虑孩子的实际情况。孩子没有办法适应、融入新环境，因此产生厌学、逃避学校的倾向。

（5）人际关系有困难

很多父母不理解：孩子厌学就是不喜欢学习，是学习上的问题，怎么会牵扯到人际关系呢？不是这样的。从大量的咨询案例来看，人际关系是孩子厌学很重要的一个原因。

孩子厌学，"厌"的是"学"，这个"学"可以是学习，也可以是学校。学校里除了学习，就是师生关系和同学关系。

初高中阶段的孩子正好处于青春期，这是一个慢慢脱离父母，向同伴关系靠拢的阶段。在这个阶段，无论是亲子关系还是同伴关系都容易出问题。

在人际关系方面，让孩子厌学的原因主要有四个：

- 没朋友，社交焦虑
- 和同学有冲突
- 不会处理与异性的关系
- 校园欺凌

青春期不同于小学阶段，孩子对同伴关系格外敏感，非常渴望朋友。如果和同学、朋友的关系出现问题，会对孩子造成很大影响。很多孩子会因为和同学有冲突而逃避学校，不愿意去上学。

3 厌学的维持因素

孩子厌学的维持因素主要来自四个方面：

父母的错误应对，亲子关系冲突，家庭功能失调以及抑郁、网瘾等问题。

我把这几个方面概括成：一个点、一条线、一个场和一个突出问题。

（1）一个点：父母的错误应对

当孩子厌学时，父母不知道怎么应对，常常陷入无效的重复模式。父母无法发挥出家长应该有的作用，没有办法帮助孩子。

家长无效的应对方式有三种：

粗暴指责

父母比较强势、粗暴，对孩子不满意，认为"一切都是孩子的错"。父母内心充满不满、愤怒等负面情绪，认知偏狭固化，不愿意去理解和接纳孩子，只会一次次逼迫、责骂孩子。

焦虑唠叨

父母很焦虑，担忧孩子的未来，完全被负面情绪淹没，一开口就是讲道理，孩子根本听不进去。父母干着急使不上劲，又控制不了自己的唠叨，每天都在重复无效的循环。

被动无力

父母知道孩子需要帮助，但自己很无力，不知道该怎么办，和孩子一样陷入无力悲观的状态，不能积极行动起来。父母抱着"等一等，看一看"的回避心理，被动等待情况好转。

（2）一条线：亲子关系冲突

孩子厌学后，很多家庭冲突不断。父母指责教训孩子，孩子反抗父母，家里每天都在战斗。孩子的全部精力都放在和父母作对上了，就算父母的建议是好的对的，孩子也不会听，故意做出一些叛逆、挑战的事情。

有的家庭亲子关系疏远，孩子什么都不跟父母说，整天待在自己的房间里，父母完全不知道孩子真实的感受和想法。父母和孩子之间就像有一道城墙，缺乏良好的沟通。父母想要帮助孩子，却使不上劲。

　　还有的家庭父母管不了孩子。孩子是家里的老大，一家人都习惯围着孩子转。孩子对父母缺乏尊重，不把父母的感受、想法和建议放在眼里。孩子厌学后，整天玩游戏、购物、恋爱、外出，父母完全管不了孩子。

（3）一个场：家庭功能失调

　　孩子厌学，如果我们只看到厌学，会认为这是孩子一个人的事。可如果我们能看见孩子的痛苦、无助和挣扎，看见他们得不到理解和支持，就会明白，这不仅仅是孩子的"问题"，而是整个家庭的"问题"。

　　就像血压高一样，生病的不只是心脏，而是整个身体。厌学是一个家庭的"化验结果"，表征出这个家庭"生病"了。

　　一些"丧偶式"的家庭，孩子从小就是妈妈一个人照顾，爸爸忙工作，很少和孩子互动。还有些家庭，父母感情上有矛盾，一说话就吵架，没有办法沟通合作。

　　孩子厌学会像一个导火索，引爆这些家庭隐藏的问题。孩子的困境加上父母之前的恩怨，会让家庭陷入"瘫痪"状态，鸡犬不宁。

（4）一个突出问题：抑郁和网瘾

　　除了以上三个跟父母有关的原因，厌学还有两个常见的维持因素：第一，孩子得到了很多不上学的好处；第二，孩子面临焦虑、抑郁的困扰。这两个原因常常交织在一起。

青少年最容易产生的心理问题就是情绪情感困扰，其中焦虑、抑郁最多见。

在发现孩子抑郁前后，父母常常陷入两个极端：之前，对孩子的期待较高，要求严格，经常批评指责孩子；得知孩子抑郁以后，态度一下子变了，父母非常恐慌、内疚、自责，对孩子的学习、生活和习惯完全没有要求了，期待一下子降到了最低，只要孩子心情好，就没有底线和规则了，变成了放纵溺爱的模式。

这种变化很有戏剧性，就像列车忽然调转头一样，以前向东，现在向西了。父母深深地怀疑自己的教育理念和方式，不敢再像以前一样管教孩子了。

有的孩子以前上网受限制，现在彻夜不眠玩通宵，父母也不管了。有些孩子出去喝酒、聚会、见网友，父母很担心，但觉得自己应该多接纳，不敢管教孩子。

孩子的焦虑、抑郁会不会因此减轻呢？

短时间看可能会。父母对学习没有要求了，压力小了；父母的理解多了，包容多了，孩子状态舒展了；还能玩游戏，做自己喜欢的事，抑郁焦虑状态的确可能会有所改善。

但是时间一长，情况就不一样了。

有些孩子整天拿着手机，日夜颠倒，整个人完全沉浸在网络世界里，和现实生活脱轨隔离，睡眠和饮食都很受影响。一个人抑郁了需要多休息，这种透支的状态并不利于孩子的恢复。

还有一个很大的麻烦就是孩子越来越厌学。生活里轻松有趣的事情太多了，学习又苦又累，本来孩子就不想学，现在终于有合理的理由彻底不学了。

因为孩子得到了很多不上学的好处，这会维持他厌学拒学的状态。父母发现对孩子"接纳"了，孩子反而彻底在家里躺平了。

综上，厌学是一个很复杂的问题，牵扯到孩子、学校和家庭，是由多种原因造成的。

任何简单粗暴的方法都解决不了复杂问题。我们一定要沉下心来，抽丝剥茧，层层梳理，搞清楚孩子的卡点，一步步帮助孩子走出厌学。

4 从更大的系统看厌学：为什么这么多孩子厌学

（1）厌学不是孩子一个人的"错"

这几年焦虑、抑郁、厌学的孩子非常多。三年的新冠疫情深深影响着每个人。2022 年世界卫生组织发布的《世界精神卫生报告》显示，疫情期间，全球郁症、焦虑症患病率增加了 25%，精神障碍患者增加了 10 亿人。

相比成年人，我觉得疫情对孩子的影响更大。

孩子正常的学习节奏被打断了，居家学习，无法外出，无法聚会，不得不处于焦虑又无奈的隔离状态，身体和心理都备受束缚。对于处于青春期的孩子来说，这是一种巨大的挑战。网络学习和去学校上课有很大不同，孩子们需要的不仅仅是学习文化知识，更需要人际互动。

这并不是说孩子厌学都是疫情的问题。我只是希望借由这一点让家长看到，孩子身处一个大的系统中，他们不可避免地会受到影响，而且这种影响可能很大。

时代发展、科技进步、社会变迁、教育问题、就业问题、经济问题，千万不要认为这些和孩子没关系。

作为全社会关注的焦点，孩子的学习不仅是孩子自身的问题，还是学校的问题、家庭的问题、社会的问题。

视野开阔了，格局大了，我们就不会钻牛角尖，不会把所有问题都归结到孩子一个人的"错误"上。

在厌学问题上，孩子是最大的受害者，希望我们能少一点对他们的指责和批评，多一点理解、体恤和帮助。

（2）从生理角度看厌学：为什么青春期厌学问题突出

初高中厌学的孩子很多，小学和大学都没有这么多孩子厌学，为什么会这样呢？

很多家长自然会想到，中考、高考学习压力大呀。这是一个很重要的因素，但其实不止于此。有一个很重要的问题常常被忽视，就是青春期孩子的心理成长。

青春期孩子的大脑正经历"修剪"

青春期孩子发育快，身高体重一年一个样，各种激素带来的性发育也非常明显。

不过我想告诉你，青春期最大的变化还不是这些，而是大脑的发育。在我们看不见的孩子的脑壳里，正在经历一场史无前例的"修剪"。

孩子出生时，大脑其实是个"半成品"。和身体一样，大脑的发育要经历一个漫长的过程。大脑最快的发育期有两个：

一个是童年早期，这个阶段大脑的主要任务是生成更多的神经元。神经元的数量和分布决定了大脑的基本结构和功能。

另一个就是青春期。孩子到了青春期，神经元的数量已经基本饱和，这个阶段大脑的主要任务是完成整合。

这就好比一棵小树疯狂生长，第一阶段它会长出很多枝条，第二阶段就是要完成修剪，留下经常用的神经回路，把不用的神经回路修剪掉，从而节省大脑资源。

任何整合都会经历一个混乱的过程。神经回路的"修剪"加上激素水平的提高，使得青春期的孩子易冲动、变化快、不稳定，这就是"混乱的青春期"。

青春期大脑是个"半成品"

青春期的混乱还有一个重要原因，就是大脑发育的不平衡。

在青春期，情绪脑，也就是以杏仁核为主的部分已经发育成熟，而且，杏仁核在青春期比任何时期都更敏感，更容易被激活。

理性脑呢，也就是大脑皮层，此时还没有发育成熟，它要等到二十多岁才会完全发育成熟。

一个高度敏感的情绪脑加上一个还没有发育成熟的理性脑，就构成了青春期孩子的大脑。

冲动有余，理性不足，容易陷入情绪困扰。这并不是孩子不愿意理性，而是他的大脑不支持。

你可以回忆一下自己的青春期，是不是也容易冲动、多愁善感、爱发脾气？有时候也神神道道没有常性？喜欢思考一些关于人生、自我、生死、价值、意义的话题？

这些都跟大脑发育有关系。

青春期的不稳定，加上初中和高中巨大的学习压力，加上青春期孩子和父母的关系问题，再加上青春期孩子对同龄人社交的超敏感和强烈的情感需要，让青春期孩子面临很大的挑战。

不夸张地说，青春期对孩子和父母都是一场"大考"。

5 用"剥洋葱"的方法解决厌学问题

（1）先解决维持因素，再解决产生因素

说了这么多孩子厌学的原因，父母应该从什么地方入手解决问题呢？

咱们可以拿剥洋葱做个类比。解决孩子厌学就像剥洋葱，得一层层地来，先解决当下的外围问题，然后层层递进，慢慢去解决里面的核心的问题。也就是说，解决厌学问题，我们通常需要分两步：

第一步，先解决维持因素；

第二步，再解决产生因素。

孩子厌学的时间有长有短，有的孩子可能刚刚开始厌学，处于

厌学早期，父母发现及时，还没有进入维持阶段，这时候父母就要抓紧帮助孩子解决当下的困难。

有的孩子厌学已经半年一年了，一年前的状态和现在差别很大，最初的困难就像被包裹起来的洋葱心，没有办法一下子触碰到。我们可以先从当下的维持因素入手，由表及里，层层深入。

我们来看一个案例。

小文，一名 14 岁女孩，从初二上学期开始休学。

"孩子以前学习怎么样？"我问小文妈妈。

妈妈回忆："小文小学一直学习很好，初中读的是重点初中。初一时正好赶上疫情，居家学习，孩子不太自律，不努力，成绩就掉下来了。

初一下学期，孩子就经常说在学校很难受，不想去上学。我劝她坚持坚持。那时候快考试了，她在家发脾气，期末考试没有参加。

后来，她又说同学对她不好。我觉得她就是不想上学，就让她在家休息。

假期孩子状态还行，情绪挺好，整天看手机也挺开心，但就是不学习。

初二开学后，她还是不去学校。我就着急了，都快初三了，中考怎么办？不能光玩啊。一说让她看看书，她就大吵大闹，说我们不理解她。去医院检查，医生说孩子有中度抑郁、中度焦虑，就休学了。"

小文是从什么时候开始厌学的？

父母可能会把初二当成孩子厌学的开始。初二时小文不去上学，父母带她去医院，开始休学。孩子不能去学校了，父母才注意到异常。其实这只是问题爆发出来的时间，并不是厌学开始的时间。

小文告诉我："初一时我就不想学习了，那时候整天上网课，我一个人在家，可能是因为没办法好好听课，成绩下降特别快，怎么学都很难学好，就觉得学习没有意义，不知道人为什么活着……"

小文属于厌学时间比较长的孩子，初一开始厌学，初二时休学，现在休学在家已经半年了。她厌学的原因比较复杂，既有产生因素，也有维持因素。

产生因素：

小文遇到的困难是疫情期间居家学习，成绩大幅下降，可能还有同学之间的冲突。

维持因素：

当小文成绩下降、不想上学时，父母没有识别和重视这些信号，只会指责抱怨或者讲道理，这些都帮不到孩子。

孩子本来就不太自律，假期又整天看手机，看上去情绪好像是平稳了，但这种处理顾此失彼，对孩子来说，学习上的困难更大了。

父母的错误应对，抑郁情绪和过度使用网络，维持了小文的厌学状态。从抵触，到矛盾，再到放弃，小文的厌学程度越来越深，最后只能无奈休学。

解决问题的思路：先解决维持因素，再解决产生因素。

我建议小文父母先从自我反思和自我成长开始。父母改变了，才能让孩子愿意亲近和信任父母。改善亲子关系，孩子的抑郁会随之减轻。当小文的身心状态恢复后，再来解决和克服学习和人际关系上的困难。

（2）孩子抑郁焦虑又厌学，怎么办

孩子厌学是不是一定就抑郁或焦虑呢？很多父母非常关心这个问题。

的确有很多厌学的孩子去医院检查，会伴随抑郁和焦虑的困扰，有一部分孩子还会达到"抑郁症"的程度。但是，厌学不等于抑郁和焦虑，它们不是一回事。

● 吃药能不能治厌学

有些父母认为孩子厌学就是抑郁了，完全寄希望于药物治疗，认为只要孩子抑郁减轻，就会好好学习。这个想法不可取。

在心理咨询中，我会详细评估孩子的状态。如果孩子有抑郁、焦虑的问题，通常会建议父母带孩子去医院做一个详细的检查。若抑郁和焦虑比较严重，医生可能会开药，心理咨询师也会建议父母遵医嘱服药。但是，药物针对的是抑郁和焦虑，不是厌学。

孩子的问题，不管是抑郁、焦虑还是厌学，都不能完全依赖药物。医生和心理咨询师的作用都是有限的，父母才是孩子的"特效药"，才是对孩子影响最大的人。

● 厌学和抑郁不是一回事

有父母困惑：是抑郁导致孩子厌学，还是不学习、成绩差了，导致孩子抑郁？

这个问题有点绕，就像鸡生蛋、蛋生鸡，它们有时候互为因果，说不清楚，而且也无法印证。

同频的人相互吸引，负面情绪也一样。抑郁、焦虑、厌恶、愤怒，这些情绪常常扎堆出现，不好说是谁导致了谁。

在孩子身上，负面情绪会有不同的组合：

有的孩子是抑郁为主，内心并不讨厌学习，更多是无法胜任学习。

有的孩子是焦虑为主，紧张担忧，内心冲突多。他们也不是真正厌恶学习，而是害怕成绩不好。

有的孩子遭遇人际困扰，比如被欺凌，内心有创伤，非常恐惧，不敢去学校。

还有些孩子可能以前有抑郁，恢复一段时间后，抑郁和焦虑症状都不明显了，但是孩子学习没有动力，有网瘾，所以不想去学校。

心理问题千人千面，每个孩子的情况都不一样。而且，青少年的成长变化非常快，心理变化也很快，在不同时期和阶段，孩子的情绪和想法可能差距很大。

• 又抑郁又厌学，如何干预

这里我给父母一个大致的思路：危机干预（自杀、自伤）优先于抑郁干预，抑郁干预优先于厌学干预。

如果你感觉孩子可能有抑郁和焦虑问题，我建议你先带孩子去医院看一看，或者找专业的心理咨询师好好评估一下。

如果发现孩子有自伤或自杀意念，不要犹豫，立刻带孩子去医院，最好是当地的精神专科医院。

如果孩子抑郁严重，要先干预抑郁。目前，青少年抑郁干预公认的最好方式就是药物治疗加心理咨询。

当抑郁和焦虑问题减轻，孩子状态比较平稳时，再干预厌学。孩子的生命和健康永远比学习更重要。

| 本章小结 |

- 导致厌学的两大因素：产生因素＋维持因素。产生因素是孩子厌学的最初原因。维持因素来自环境，主要是家庭和父母没有提供有效帮助。
- 厌学的产生因素主要包括五个方面：没动力，不想学习；压力大，焦虑内耗；受挫败，习得性无助；难以适应新环境；人际关系有困难。
- 厌学的维持因素主要包括四个方面：父母的错误应对，亲子关系冲突，家庭功能失调以及抑郁和网瘾问题。
- 孩子厌学受环境影响很大，青春期孩子大脑发育特点也决定了这个阶段容易出现问题。
- 先解决维持因素，再解决产生因素，用剥洋葱的方式解决孩子厌学问题。

互动练习 2

梳理厌学原因

孩子厌学可能有哪些原因？请在符合孩子情况的选项后打"√"。

（1）厌学的产生因素：

● 学习上：

没动力，不想学习□

压力大，焦虑内耗□

被挫败，习得性无助□

难以适应新环境□

● 人际关系上：

没朋友，社交焦虑□　　　　和同学有冲突□

不会处理异性关系□　　　　校园欺凌□

（2）厌学的维持因素：

父母不会应对□　　　　亲子关系不好□

家庭功能较差□　　　　抑郁＋网瘾□

2

厌学的孩子

第二部分

消除维持因素，
打破厌学循环

第三章 一个点：
父母自我成长

1 做好情绪分化，避免情绪同化

妈妈：你怎么还不学习？都玩了一个多小时了，就知道玩！

孩子：你又批评我，烦死了！

妈妈：自己做不好，总怪别人。你不学习，我才批评你呀！

孩子：这么烦，我怎么学习？你总批评我，我才不想学习。

妈妈说"你不学习，我才批评你"，孩子说"你批评我，我才不学习"。站在各自的角度上，好像都有点道理。父母和孩子来回扯皮，问题没有解决，总是在循环，如何找到突破口呢？

（1）情绪同化和情绪分化

孩子厌学，情绪不好，退缩到家庭，特别容易陷入和父母的纠缠。这种纠缠会吸引孩子的精力和注意力，从而使他们忽略了真正的问题。

父母要避免被孩子的表现"勾住"，避免和孩子纠缠，而掉入相互纠缠、相互指责的负面情绪漩涡中。

这就需要做到情绪分化，避免情绪同化。

情绪同化

父母和孩子之间没有明晰的心理界限，情绪很容易相互传染，相互影响。

"因为你这样做了，所以我才生气""只有你做好了，我才能放心不焦虑"。

父母因为孩子生气而生气，孩子因为父母焦虑而焦虑。父母和孩子的情绪混合在一起，不分彼此。

情绪分化

情绪分化就是能够区分开彼此的情绪和感受，不相互推诿指责，而专注于对自己的情绪负责。"我是我，你是你，我的情绪是我的，你的情绪是你的。我们首先要面对自己的情绪和感受，对自己的情绪负责。"

孩子厌学时，父母肯定焦虑担忧，很容易因为自己的焦虑而指责批评孩子。

很多家庭一直都是情绪同化模式：父母焦虑责怪孩子，孩子焦虑朝父母发脾气。父母愤怒打骂孩子，孩子委屈难过更厌学。负面情绪在父母和孩子之间来回传递。

孩子和父母一样，都处于负面情绪里，可能比父母更焦虑更难过。孩子连自己的情绪问题都解决不了，根本无力安抚父母。

父母的指责不仅无益于解决厌学问题，反而会点爆孩子的"情绪炸弹"，让孩子的状态更糟糕。最后相互指责，谁都有错，谁都委屈，全家人都被负面情绪淹没，无力解决真正的厌学问题。

（2）建立心理界限，避免情绪传染

负面情绪就像一种病毒，很容易在人与人之间"传染"，这就是心理学上的"情绪传染"，也就是情绪同化。

心理学上有一个著名的"踢猫效应"：一天，老板很生气，责骂员工。员工无故被骂，满心愤怒，回到家看到老婆没有做饭，对着老婆一通发火。老婆也很生气，正巧儿子在一旁捣乱，她就把气撒在了儿子身上。儿子三五岁，被妈妈责骂很愤怒。旁边小猫正在打滚，儿子对着小猫就是一脚。

老板的愤怒传给员工，员工的愤怒传给妻子，妻子的愤怒传给儿子，儿子的愤怒传给小猫。"踢猫效应"说的就是愤怒在家人之间的传递。

一个人的情绪会影响一家人的状态。如果父母和孩子状态都不好，父母首先要避免情绪同化，努力进行情绪分化，建立起心理界限，避免陷入负面情绪的传染和纠缠中。

人和人之间是要有界限的，界限有两种：

一种是有形的界限，比如身体界限，生活上的界限。这些能看得见摸得着，边界感非常清晰。还有一种是无形的界限，比如情绪情感上，就是我们常说的心理界限。

一个人心理界限不明晰，就很容易受他人影响，被情绪传染，像墙头草一样，情绪上下波动，想法来回摇摆，心理状态很难稳定。

你可以把负面情绪想象成一种看不见的"感冒病毒"，如何避免病毒在家庭里的传播和蔓延呢？我们得做好隔离，避免自己万一得了感冒传染孩子。

如果孩子已经被传染了，我们更得照顾好自己，让自己有体力

有精力去照顾孩子。

避免情绪传染也是如此。妈妈有自己的焦虑，孩子也有自己的烦躁。父母要分清楚哪些情绪是自己的，哪些情绪是孩子的。

父母先处理好自己的情绪，稳定好自己，控制好自己，避免陷入与孩子的情绪纠缠中。只有这样，才能发挥出父母的作用，也才能有力量帮助孩子。

当孩子厌学、情绪低落时，父母很容易被传染，也会伴有焦虑、压抑、无力的感受。如果父母对此没有觉察，就很难抽身出来，无法给孩子安抚和力量。

（3）先管好自己，再管教孩子

一行禅师曾讲过一个故事：一个房子着火了，我们第一时间应该怎么办？是去谴责纵火的人，还是去灭火？

毫无疑问，我们得先灭火。

当你有很多负面情绪的时候，就像一座着火的房子。

这个时候最要紧的不是去责怪纵火的人（不学习的孩子），而是要先给自己"灭火"。

父母们一定要有一个意识：状态不好不要管孩子，先管好自己，再管教孩子。

一定要先做好"自己"，再做好"爸爸／妈妈"。

当一个人处于极度疲劳的状态时，情感、精力和活力都会耗尽，会变得缺乏同理心，缺乏耐心，容易烦躁生气，这种状态被称为"情绪耗竭"。

这时候硬撑着管教孩子，不会有好效果。你的焦虑、担忧和难过会影响孩子，不管你多么试图掩盖和强打精神，孩子都会感知并吸收到。

当你获得了足够的休息，心情平静，对孩子会更包容，更有耐心。孩子像海绵，会吸收这份平静和放松。

父母给不出自己没有的东西。

飞机的求生指引告诉我们：遭遇危险时，必须先戴好自己的氧气面罩，再去照顾他人。一块没有电的电池，没有办法给另外一块电池充电。一个不会游泳的人，就算跳下河，也救不了别人。

这个世界只有三种事：自己的事，别人的事，老天的事。

我们最应该做的是管好自己的事。

很多父母恰恰相反，他们是忽略自己的事，管着孩子的事，担忧老天的事。

要想帮助孩子，一定要先把精力放在自己身上。做好"自己的事"，有了足够的能量才能帮上忙。

爱满则溢，先把自己爱好了，才有能力爱别人。

当我们看见孩子不学习不写作业的时候，怎么办呢？

首先，要觉察自己的状态，内心有没有负面情绪，是否稳定。

如果生气焦虑，这个时候不要管孩子，比管孩子更要紧的是管自己，要先给自己"灭火"，照顾好自己。不妨出去走走，听听音乐，做点家务，忙忙工作。让自己的情绪先回到正常的、稳定的状态。

当你心情不错的时候，再去和孩子沟通，效果会好得多。

2 改变"三高"模式：放下高焦虑

为了给孩子营造良好的学习氛围，小伟妈妈晚上从来不出门，朋友聚会不参加，需要加班时也尽量把工作带回家。

小伟在客厅里学习，妈妈就在沙发上看书。小伟这边一有点儿风吹草动，妈妈就会凑上来："怎么回事？你哪道题不会？需要我帮忙吗？"

妈妈这么负责任，可小伟却不买账。小学时他还能够接受妈妈在一旁"监学"，一上初中就变了，看到妈妈在沙发边就感到莫名的烦躁。

"不知道为什么，一看见我妈就很紧张，觉得压力很大，好像有一块大石头堵在胸口，喘不上气来……我妈一说话，肯定是学习，她只关注学习，满脑子都是分数排名。"

（1）你是高焦虑父母吗

在青少年心理咨询中，焦虑的父母是最常见的。小伟妈妈就是一个高度焦虑的父母。

一项心理学研究发现：在被焦虑困扰的孩子中，有一半左右的孩子，父母本身就有焦虑问题。厌学的孩子不仅承受学校的"一手压力"，还得承受父母的"二手压力"。

● 高焦虑父母聚焦学习、分数、名次

父母的高焦虑，焦点就在学习，更准确一点说，应该是分数。

其实，大多数父母都明白学习不等于分数。但当他们陷入紧张、担忧、害怕的高焦虑状态时，思维会狭窄化、偏执化，急迫地想要抓取一些确定性的东西。

因为焦虑，通向罗马的条条大路变成了一条独木桥，所有的一切就变成了眼前的分数和名次，只有这些确定性的东西才能够带来安全感，也才能安抚父母的焦虑。

• 高焦虑父母没耐心、易急躁

焦虑和养孩子这件事格格不入。因为养育孩子不是完成一个目标，而是一件急不来又快不来的事情。焦虑的父母易急躁，容易被激惹，容易发脾气、指责批评孩子。

• 高焦虑父母会给孩子很大压力

焦虑的父母常常会成为外界压力的延续，没有办法共情孩子，更不能给孩子避风遮雨，他们自己可能就是孩子最大的风雨，要求孩子，指责批评孩子，希望孩子通过努力学习缓解自己的焦虑和担忧。

家应该是一个安全、放松的避风港，一个休息和疗愈的地方。孩子在学校已经很紧张了，如果回到了家里，气氛比学校还紧张，妈妈比老师还严格，孩子什么时候才能放松点儿？一个人整天在这样的环境中，怎么能爱上学习呢？

• 高焦虑父母很难给孩子积极正向的影响

妈妈很用心也很敬业地陪孩子写作业，在这种氛围下，小伟会是什么感受呢？

我们可以想象一下：上班时，领导一直坐在你旁边或者站在你身后，你会有什么感觉？下班该休息了，领导一直不走，坐在你旁边加班，你又会什么感觉？

我问过很多人，当领导或者老师站在你身后看着你学习或者工作的时候，你的感觉和平常一样吗？绝大多数人都告诉我，就算自己挺自信，没有犯错，被别人这么盯着也会感觉不自在，不如一个人的时候放松。

● 高焦虑父母很容易"传染"孩子

小伟说看见妈妈就紧张，压力很大，显然当妈妈坐在小伟旁边时，小伟的大脑处于防御状态。

当大脑处于防御状态时，小伟的注意力全部集中在妈妈和学习压力上，情绪高度紧张、敏感、不稳定，杏仁核的高度活跃让大脑负责学习的大脑皮层区域没有办法顺畅运转。

小伟和妈妈都花了很多时间坐在那里，但学习效果并不理想。

当孩子过于焦虑时，常常会有如下表现：

急躁，不能等，容易被激惹、发脾气；

自我要求高，容易纠结、内耗；

内心胆怯、害怕，容易陷入矛盾；

逃避学习，回避社交；

过度使用网络，沉迷玩游戏；

有一些小动作，如贪吃、抠手、过度清洁和整理、扯头发等；

有躯体反应，如心慌、胸闷、头疼、肚子疼等。

（2）高焦虑父母该如何调整

• 情绪分化，管理好自己的焦虑

很多父母不认为焦虑是个问题，就像小伟妈妈说的："就是因为孩子不认真，不努力，不积极学习，我才焦虑啊。只要孩子改变了，我就不焦虑了。所以，我的焦虑不是问题，孩子不认真学习才是问题。"

房子着火了，不急着去灭火，而是去抓纵火的人，满脑袋想的都是"他不纵火，我们就不会烧起来了"。

"只要孩子好好学习，我们就不会焦虑"，这种逻辑和房子着火了是一样的，我们不需要为自己的情绪（房子）负责，是孩子让我们焦虑，他们应该对我们的情绪负责。

情绪分化告诉我们：父母焦虑是父母的事，父母应该首先管理好自己的情绪。

• 不是不能焦虑，而是适度焦虑

孩子厌学，每个家长都会焦虑。不是不能焦虑，关键是焦虑的程度。

"焦虑曲线"告诉我们，焦虑程度和个人行为的表现水平呈一个"倒 U 形"关系。

遇到压力时谁都会产生焦虑。如果焦虑程度不高，这份焦虑会促发我们的积极性和行动力，有利于提高效率，解决问题。

但如果焦虑程度越来越高，超过了能够承受的范围，不但不会促发有利的行动，反而会成为障碍，降低个人的行为表现。

父母不是不能焦虑，而是需要降低焦虑水平。对孩子学习的焦

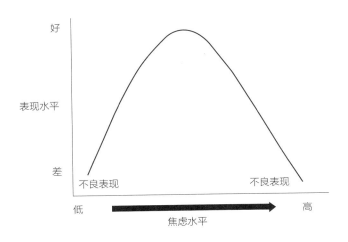

虑，父母可以有，但要适度。

● 父母放松，孩子安心

研究表明，除了表达对孩子的爱和感情之外，管理好自己的压力和情绪是使我们成为一个高效父母的绝佳方法。

意识到自己太焦虑以后，小伟妈妈感叹："我一直都生活在紧张不安中，以前焦虑自己，后来焦虑孩子，好像生命的每个阶段都没有真正放松过。"

小伟妈妈发现自己有很多灾难化的想法，遇到事情总往坏处想，她开始学习与自己对话："学习是孩子的事，孩子大了，我着急也没有用……孩子身体健康，有自己喜欢的事情，怎么活都不会太差……我做好自己能做的，给孩子营造良好的家庭氛围，搞好亲子关系，帮孩子减压，相信孩子，孩子就会慢慢好起来的。"

妈妈不焦虑了，不在学习上跟孩子较劲了，孩子就会放松下来了。经过一段时间的调整，小伟慢慢恢复了对学习的兴趣。

• 言行一致，身心合一

在咨询中我发现，很多父母嘴上说"我要先做好自己，以身作则"，其实他们关注的焦点始终都在孩子身上，不会真正关注自己的成长，只是在孩子面前有所收敛，装装样子。

跟你说句实话：一个焦虑的人，很难装得放松。不管你愿不愿意，都会把自己的情绪显露在外。

人类的感觉就是这么奇妙，如果你焦虑，孩子很快就会感觉到，他会发现你说的话和你真实的想法不一致。

装出来的放松不会给孩子力量，反而会让孩子认为父母言行不一，加剧彼此的误会和矛盾。

如果你觉察到自己很焦虑，一定要给自己一点恢复的时间，可以散散步、运动运动，做点自己喜欢的事，也可以转移注意力，学一些自我安抚的方法。

3 改变"三高"模式：放下高期待

媛媛在一所重点高中读高二，她告诉我："我一直在为一个目标努力，但现在这个目标实现不了了。"

什么目标呢？

不是考上名牌大学，而是进入重点高中的重点班。

从小学开始，媛媛就是一路重点班。爸爸对媛媛的期望很高，希望孩子一直能名列前茅。

中考时，媛媛碰到了障碍——她考上了重点高中，但却没能进入重点班。

爸爸非常失望，媛媛也很难过。好在高二还有一次分班的机会。媛媛铆足了劲，希望高二能够扭转乾坤。可命运好像故意在捉弄她，高二分班时，媛媛还是没有能够进入重点班。

这一次，媛媛彻底崩溃了，再也不想学习了。

（1）什么样的父母对孩子有高期待

有两类父母特别容易对孩子产生高期待。

第一类："你要像我一样好。"

父母很优秀，习惯了高标准、严要求。他们对自己是这样，对身边人也是这样，属于追求完美型。

"你是我的孩子，我这么优秀，你也要优秀。你不能差，你要像我一样。"

媛媛爸爸就是这样，他的标准一贯很高，追求完美，优秀还不行，还要做到最优秀。这种习惯根深蒂固，他丝毫没有意识到有什么不妥。

第二类："你可千万别像我一样。"

这类父母对孩子的高期待不是出于习惯，而是因为恐惧。

他们对自己并不满意，生活里可能吃了很多亏，受了很多苦。他们希望孩子"千万别像我一样，一定要好好学习，别走我的老路"。

自己的生活已经没有指望了，他们就把期待放在了孩子身上，希望孩子扭转乾坤，"妈妈的人生也就这样了，你可千万不能这样"。

（2）高期待使孩子压力大，容易受挫，自我否定

父母期待过高，带给孩子什么感受呢？

当孩子年龄小，没有自己的想法时，他会认同父母。这时候，他的脑海里没有关于标准高低的认知，会认为父母的标准就是理所当然的。

所有孩子都希望得到父母的赞赏。为了达成这份期待，孩子会加倍努力，不惜委屈自己。

假如父母的期待不是太高，通过努力可以达到目标，孩子就会很开心，发展出胜任力和自信心，继续朝着下一个目标奋斗。

但如果父母的期待太高了，孩子努力也达不到，他们就会很受挫，怀疑自己，否定自己。

就像媛媛，她学习很优秀，但是因为没有达到爸爸的目标，媛媛认为这就是失败。如果一而再再而三的失败，孩子可能就会因挫败而习得性无助，觉得自己太无能了，不如躺平放弃。

很多父母坚信"取乎其上，得乎其中；取乎其中，得乎其下；取乎其下，则无所得矣"。这句话出自《论语》，意思是：一个人制定了高目标，最后很有可能只达到中等目标；而如果制定了一个中等目标，最后则很有可能只达到低等目标。如果一开始就制定低目标，那恐怕是一无所得了。所以一开始就得定一个高目标。

从理论上来说，这好像没有问题，但这里面的关键点在于标准不明确。

标准这个东西是很主观的。你觉得高，别人可能不觉得高；你觉得低，别人可能不觉得低。

如果父母对媛媛的要求是好好学习，力争上游。这个标准通过努力，媛媛是可以达到的。但如果是必须考上重点学校重点班，这个目标就太不可控了。

（3）对孩子什么样的期待才是合适的

父母期待太高，孩子很容易受挫。如果父母没有期待，是不是更好呢？

不，这也不是好事。太高和太低的期待都不利于孩子成长。

在心理咨询中，比较常见的一种情况是：孩子厌学前，父母一直高期待；孩子厌学抑郁了，父母吓坏了，完全放下期待，对孩子没有任何要求了。

这种变化刚开始时会有利于孩子恢复，孩子会放松下来，想干什么干什么。可时间一长，问题就来了。孩子从一个压抑的极端到了另一个自由无度的极端。压力是没有了，但生活失去基本的秩序，孩子很难再适应学校和学习。

目标和要求对孩子的成长是一种限制，同时也是一种指引。孩子的成长需要父母的指引。

父母对孩子应该有一个什么样的期待呢？

我觉得就是八个字：守住底线，合理期待。

• 守住底线

做任何事情都得有个底线思维，家庭教育也一样。

底线就是红线，就是在任何情况下，我们都得绝对守住的。

对我来说，养育孩子的底线就是安全和健康。我们得先保证能安安全全、健健康康地把孩子养大。

安全主要是人身安全，健康则包含着身体健康和心理健康。

没有安全和健康，无从谈教育。这个大道理我们一定都懂，但在具体实施时，常常会舍本求末。

比如，牺牲孩子睡眠时间，让孩子去学习，就是拿健康换成绩。短时间这么做，可能看不出健康受损。这并不是说明不受损，只是看不出来。一旦时间长了，积累多了，就不是小问题了。

我想特别强调一下心理健康。当我们谈论健康的时候，常常指的是身体健康。但心理健康和身体健康一样重要。

人是一个整体，身体和心理会相互影响。身体不舒服，心情很难好。心理状态不好，身体就很容易出问题。

身体是看得见摸得着的，我们往往比较重视。心理看不见，就很容易被忽视。

看不见不代表不存在，空气看不见，病毒看不见，自信、理想、价值这些都看不见，但它们都很重要。

• 合理期待

高期待不一定有好结果，适度期待才能带来好结果。合理期待得因人而异，因时而异。

父母的期待不能只顾及社会要求和曾经的人生经验，更得多了解、多关注孩子。这个期待既得立足于现实，又得让孩子垫垫脚能够得着，能够激发孩子的动力，让孩子体验到努力和奋斗带来的成就感。

期待是一个变量。当孩子发生重大的状态变化时，期待就得跟着变。

有一次一个孩子来咨询，她是一个高三女孩。妈妈希望孩子调整好状态，抓紧最后几个月好好冲刺，争取考个好大学。

这个想法很正常，但我仔细了解情况后发现，这个孩子的状态很不好。半年前她住了两次院，都是脑部的问题。孩子现在处于恢复阶段，太大的压力她经受不住。

我跟妈妈讨论了对孩子的期待，妈妈一下子顿悟了。其实她自己的初心也是希望先确保孩子身体健康，顺利参加高考。但是当高考日渐逼近，妈妈看着孩子步调慢就着急了，开始像以前一样着急督促孩子。

这个妈妈很有觉察力，她及时调整了自己的期待，对待孩子更加理解和包容了。最后孩子顺利参加了高考，还考上了一所不错的学校。

4 改变"三高"模式：放下高控制

晓彤一直低着头，说："我不想学习，不想写作业，不想上学，这一切都没有意义，都是为了我妈……我只希望她别烦我了。"

"妈妈怎么烦你呢？"我问。

"怎么说呢，"晓彤想了想，"她什么都管，什么都得听她的……她连表情都要管。"

从小到大，妈妈掌控了晓彤生活的全部。"干什么都得听她的，报什么课外班，几点写作业，穿什么，吃什么，跟谁一起玩，和朋友聊什么……你能想到的所有一切，我妈都管。"

在咨询中我经常碰到晓彤妈妈一样的父母，他们的生活完全以孩子为中心，无论是金钱上、时间上，还是体力和心力上，都为孩子付出了很多。有些妈妈还会专门辞掉工作，照顾孩子。

按理说，这样无微不至的爱，孩子应该很感恩很幸福。可现实中，很多孩子像晓彤一样，一方面享受着父母的安排和照顾，一方面不情不愿，心里有很多委屈和无奈。

他们像温水中的青蛙，看上去很舒服，但青春勃发的年龄却活得了无生机。

（1）父母的高控制对孩子的影响

● 孩子丧失主动性，成了"空心人"

没有人喜欢填鸭式的教育，但我们却忽略了，父母的高控制比填鸭有过之而无不及。

不管在学校还是家庭中，孩子没有选择权，只需要服从。这样的结果就是孩子丧失主动性，成了被动的生活者和学习者。

北京大学徐凯文老师曾经提出过一个"空心人"的说法，他发现大学里很多孩子躺平摆烂，没有自己的想法和追求，内心空洞，价值感很低。

在高控制下，孩子很容易变成"空心人"。这样的孩子很被动，就像晓彤，妈妈不催她就不动。孩子丧失主动性，不好奇也不期待，在他们的眼里，学习、工作、家庭、生活，所有的这些都是一个个"任务"，他们只能一个接一个地完成。

很多父母担心自己不管控孩子，孩子就整天玩，不会发展出自主能力。相比信任孩子，我们更愿意相信自己。

父母不相信孩子可以做好，不相信他们有成长的愿望和能力。这是一种很隐形的否定。

● 孩子没有控制感，成了"乖孩子"

每个人都需要控制感。有了控制感才有安全感。

当父母对孩子的生活全面控制的时候，父母获得了控制感。但与此同时，孩子的控制感却被剥夺了。

父母的控制牺牲了孩子对自己生活的掌控。

如果一个人没有办法掌控自己的生活，会是什么样呢？

孩子不可能独立，生活层面和精神层面都没办法独当一面，他们也不会真正长大，一直在为别人而活，无法做自己。

经常听到很多父母说，孩子很听话，是个好孩子。

孩子要听话，听谁的话呢？听父母的话，听老师的话。听话才是好孩子？

在我看来，这是一种悲哀。

一个人最应该听的不是别人的话，而是自己的话。多听自己的内心的话，才能成为独特的自己。

过于强调孩子听话和顺从，其实是剥夺了孩子做自己的机会。

● 父母包办高控制，孩子成了"巨婴"

父母的高控制常常披着"为你好"的外衣。

一位妈妈告诉我："我好忙啊！早上孩子不想起床，我给她穿好衣服，盛好饭，她就只需要吧嗒几下嘴。吃完了我还得赶紧给她系好鞋带，拿上书包，送她出门，你说我累不累？"

"孩子高一了，为什么你要给她穿衣服？"我问。

妈妈抱怨："她太慢，不知道着急，我害怕她迟到。"

"这是你的害怕还是她的害怕呢？"

妈妈说："她不害怕，我怕。"

一着急就想替孩子做，忍不住就想推，父母这么累是为了谁？

表面上看好像是为了孩子，其实是为了自己。

妈妈是为了缓解自己的焦虑才帮孩子包办一切。焦虑是父母的，孩子并不焦虑。

焦虑的人很容易变得高控制，因为掌控感可以降低焦虑。

父母安排孩子的生活，希望直截了当给孩子一个"正确答案"，让他们不走弯路，踏上坦途。

这个初心很好，但在瞬息万变的社会里，什么是坦途呢？

真正的坦途不是一条路、一个模式，而是让孩子发展出应对变化的能力。

孩子的生活早晚都是自己的，本领得长在孩子自己身上，这才是真正为孩子好。父母思想上的干涉和行为上的代劳最终都是苦了自己，害了孩子。

• 高控制高批评，孩子成了"坏小孩"

高控制常常和指责、批评、要求联系在一起，而这些都得由孩子去承担和消化。

如果孩子顺从、听话，他常常会认同父母的批评。"我就是做得不好啊，都是我的错，我就是不如别人啊，这么多问题都证明了我就是这么差啊……"

整天生活在批评中，再加上一些现实困难，孩子很容易自责、自卑、自我贬低。

如果孩子不听话，父母指责批评，他们就会反抗，这时就会上演"家庭大战"。孩子会被说成是"叛逆""不懂事"的人。

这种"坏小孩"擅长和父母对着干。哪里有压迫，哪里就有反抗。你让他学，他就不学；你想快，他就慢；你越强调，他越不放在心上。

有些孩子不敢明着反抗，就拖延、磨蹭、分心、无所事事。孩子在用自己的厌学表达不满，告诉父母："我的生活不应该由别人说了算，我想做自己。"

（2）高控制父母如何调整

●把控制感还给孩子，父母放手，孩子自主

父母爱孩子，可终究无法代替孩子。一些路、一些苦，孩子们必须自己走、自己吃。短期来看，父母放下控制，孩子们可能会犯点错、慢一点，但只有这样，本领才能真正长到孩子身上。

小孩子学走路的时候，跌跌撞撞，又慢又容易摔倒。看见孩子摔倒了，父母不会抱起孩子就走："你太慢了，以后我抱着你吧。"这样孩子就废了，他永远也学不会走路。

我们都曾经站在孩子的身边，微笑地鼓励他："别害怕，自己站起来，朝这边走，慢慢来。"

走路、吃饭、说话、洗脸、穿衣服，孩子都是这样学过来的。这就是学习的本质——先教给孩子，然后让孩子自己干。

父母放开手，孩子才能越来越有力。

● 父母的转型：从推动型父母到顾问型父母

初高中的孩子虽然个头高了，有主意了，但还是未成年人，还是孩子，父母不管不行，但管得太多太严，密不透风也不行。

随着孩子的成长，父母更要学会往后退，把控制权慢慢交给孩子，让孩子自己管理自己，掌控自己的生活。

对孩子来说，这是一个慢慢成长的过程。对父母来说，这是一个逐渐放手的过程。父母要放下控制，学会陪伴，从推动型父母向顾问型父母过渡。

推动型父母是操心出力的人，也是下场干活的人。父母着急孩子不着急，父母使劲孩子不使劲。学习成了父母的事。

顾问型父母是顾问，是出谋划策的人，不是干活的人。学习是孩子的事，孩子要去操心，去安排，去承担责任。如果孩子需要你，你就出出主意。如果孩子不需要，你陪在一边就好。

● 多务虚少务实，多动嘴少动手

你会发现一个很有意思的事情：妈妈太强势，孩子就弱势；妈妈很主动，孩子就被动；妈妈总说话，孩子就沉默；妈妈越着急，孩子越躺平；妈妈什么都干，孩子就什么都不干。

如果一个家庭里，妈妈太强势太能干，一家人都会甩锅："能干你就干呗，别人干了你看不上，何苦凑过去挨数落"。

智慧的父母要学会懒一点，慢一点，笨一点，弱一点。

随着孩子慢慢长大，父母要学会"多动嘴，少动手"。

"多动嘴"就是多倾听多沟通，多表达理解、肯定、欣赏和表扬。"少动手"就是少一点包办和控制。父母动嘴教孩子，让孩子动手去干活。

孩子的事，父母不着急，孩子就得着急。父母不替孩子操心，孩子就得自己打算。当父母不再过度承担，孩子就得开始练习承担。

—————————————| 本章小结 |—————————————

- 父母要做到情绪分化，避免和孩子纠缠，避免情绪同化。状态不好不要管孩子。先管好自己，再管教孩子。
- 父母要改变"三高"模式：（1）放下高焦虑：父母放松，孩子安心；（2）放下高期待：守住底线，合理期待；（3）放下高控制：父母放手，孩子自主。

互动练习 3

自我觉察练习

当你深陷某种情绪或头脑中有很多想法时，可以做下面这个练习，以提高自我觉察能力。

第一步：暂停

不做任何决定，先停下来。深呼吸，感受自己的身体，把注意力集中到身体感受上，让身体随着呼吸放松下来。

第二步：觉察

觉察身体的感受：从上到下感受自己的身体：表情舒展吗？眉头有没有紧锁？肩颈部舒服吗？心跳正常吗？腰背有没有酸痛……

觉察内心的感受：此刻有什么样的感受？情绪的强度如何……

第三步：接纳

给自己一些关爱和同情，像照顾一朵脆弱的小花一样，给自己一点温柔和抚慰。

第四步：放松

不试图改变什么，只是呼吸，带着一丝温柔的怜悯，让自己再次放松。

当思绪游离到那些压力事件上，轻轻地把注意力重新转移到呼吸上。微笑，舒展，滋养，让身体和心理都放松下来。

第四章 一条线：
调整亲子关系

1 孩子厌学的家庭中常见的四种亲子关系类型

孩子厌学的家庭，有四种常见的亲子关系：疏远型、包办型、专制型和纵容型。

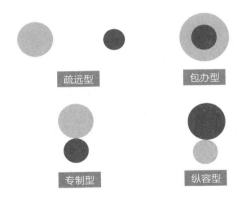

疏远型　　　　　包办型

专制型　　　　　纵容型

（1）疏远型

疏远型关系就像情感荒漠。父母和孩子各忙各的，在感情上比较疏远。

有的父母和孩子不住在一起，比如孩子住校或者父母在异地；有的住在一个屋檐下，但父母要么忙工作，要么忙家务，关注点不在孩子身上。

还有一种比较常见的情况——爸爸忙工作，妈妈照顾老二，对老大来说，父母和他的关系也是疏远型。

在疏远型关系中，父母不了解孩子的感受和想法，孩子也不愿意向父母靠近，双方倾诉、沟通比较少。父母对孩子有限的关注常常只聚焦在学习上。

这种关系对孩子的影响

孩子从小在感情上被父母忽视或拒绝，有深深的匮乏感，安全感不足，缺乏自信，认为自己不够好，价值感较低。

孩子不亲近父母，也不信任父母。

当孩子遇到学习或者人际困难，他们更倾向于自己解决，而不是求助，常常感觉孤立无援。

（2）包办型

父母包办孩子的一切，从学习到生活的方方面面。

在这种家庭中，父母像全职保姆，一切围绕着孩子转。孩子饭来张口，衣来伸手，什么家务都不干。父母把一切都安排得妥妥当当，什么都不用孩子操心，孩子"只需要学习就行了"。父母做得太多，孩子做得太少。父母不鼓励甚至不喜欢孩子自己解决问题。孩子没有机会发展自身的能力，独立性和责任感都较差。

这种关系对孩子的影响

孩子依赖性强，独立应对和处理问题的能力较低，容易受挫，容易被会各种困难卡住。主动性较弱，习惯被动等待，不会主动解决问题，易拖延，喜欢推卸责任，追求舒适躺平。孩子心理年龄较小，很多初高中生心理年龄仍然像小孩。

（3）专制型

父母命令，孩子服从。父母很少考虑孩子的意愿和喜好，往往对孩子采取"一刀切"的方式，强势地帮孩子决定一切。

父母重事情，轻感受。父母不关心孩子的感受和想法，只在意孩子能不能按照规则和要求行事。父母普遍认为感受不重要，再难受也得按照规矩把事情做好。

习惯要求、指责、批评孩子，对孩子否定多、肯定少，指责多、欣赏少。

这种关系对孩子的影响

孩子缺乏自信，对他人的负面评价比较在意，很难放松做自己。

有些孩子会小心翼翼地去满足他人的要求，没有主见，容易讨好和顺从他人。

有些孩子不满父母的专制，内心充满愤怒，易急躁，爱发脾气，常常发泄情绪。

（4）纵容型

孩子在上，父母在下。父母是为孩子服务的，孩子要什么就给什么。父母对孩子的一切给予宽容和接纳，不管孩子的需要是否合理，他们都会尽力满足。

缺乏一以贯之的原则和要求，对孩子的行为和习惯没有约束和控制。如：任由孩子不规律的饮食起居，给孩子过多金钱，放任孩子看电视、打游戏、吃零食等。

这种关系对孩子的影响

孩子规则感较弱，常常无视规则和纪律。

孩子既依赖又不尊重父母，容易"窝里横"，在家里肆意发脾气。

抗挫力较弱，忍受不了否定和挫败，容易逃避困难。

缺乏对他人的理解和体恤，心中只有自己，不在乎他人感受，看上去比较自私。

这类孩子很难和同学发展长期友好的关系，内心充满孤独感。

在一个家庭里，父母和孩子的关系常常会呈现不同的组合形式：比如爸爸和孩子是疏远型，妈妈和孩子是专制型，有些家庭里有老人，老人和孩子常常是纵容型。不同的组合，孩子会发展出不同的特质。

孩子年龄不同，父母的管教方式也常常不一样。

比如：孩子幼小时，妈妈可能是纵容型。等孩子上学了，学习压力大了，妈妈可能变成了专制型。一些家庭里，父母本来是专制型，孩子抑郁以后，父母担忧害怕，变成了纵容型。亲子关系一旦变化，孩子也会跟着变。

2 什么样的亲子关系是好关系

什么样的亲子关系是好的关系，亲子关系调整的方向是什么呢？

疏远型、包办型、专制型和纵容型，这四种有问题的亲子关系有两个维度：

横向维度：父母和孩子是否亲密。疏远型是不亲密，包办型是亲密；

纵向维度：父母和孩子是否平等。父母在上、孩子在下是专制型，孩子在上、父母在下是放纵型。好的亲子关系就是在横向和纵向的维度上都能平衡的关系，这种关系叫**权威型的关系**。

权威型关系的特点，用八个字概括就是：**亲密有界（横向维度），平等合作（纵向维度）**。

• 亲密

父母和孩子在情感上亲密，能够相互信任，彼此沟通。一个明显的衡量标准就是孩子愿意和父母说心里话。当学习和人际关系上遇到困难，孩子愿意向父母敞开心扉。

我们说"厌学 = 孩子有困难 + 家长不会帮"。孩子一开始遇到困难时，如果他们和父母关系比较亲密，他们就愿意跟父母倾诉分享，父母就能够及时掌握孩子的学习和人际关系情况。

在心理咨询中，当我和父母讨论孩子的情况时，发现很多父母对孩子的情况一点儿也不清楚。孩子情绪怎么样，每天想什么做什么，在学校经历了什么，和朋友的关系怎么样，父母一无所知。可想而知，他们的关系比较疏远，缺乏亲密感。

● 有界

除了亲密，父母和孩子之间还要有界。有界就是有界限，父母和孩子再亲密也不是一个人，有彼此独立的精神世界。

树立界限，主要看父母。孩子充分信任父母，什么都跟父母说，这没有问题。但父母不能依赖孩子。对孩子，父母要有一定的心理界限。

咨询中我曾经碰到不少妈妈，和孩子过分亲密。妈妈会把夫妻之间的争执矛盾和大家庭中的一些矛盾向孩子和盘托出。

妈妈认为，和孩子无话不谈，这样的关系才叫好。但实际上，这种所谓的"分享"对孩子的成长是很不利的。

孩子是孩子，父母是父母。当孩子被过多地搅进成年人的世界，他们就不得不承担过多的责任，比如充当妈妈的安慰者或者同盟军。

对孩子来说，这会造成很多内心冲突。孩子爱妈妈，也爱爸爸，夫妻之间的关系比较复杂，不是一个孩子能调和化解的。

● 平等

父母和孩子不是上下级，不是谁命令谁、谁必须服从谁的关系。父母尊重孩子，孩子也尊重父母，父母不吼不打孩子，孩子也不能随便向父母发脾气。

父母和孩子之间有年龄和能力的差距，但双方的人格是平等的。

我常常说，要像对待一个独立的人一样对待孩子。这句话很不好听，但在很多家庭里，父母对孩子打骂指责，发泄情绪，真的没有把孩子当成一个独立的人来尊重。

孩子再小也是一个独立的人，小孩不是一个"小玩意儿"，也不是"小木偶"。父母和孩子之间，不只是"父母"角色和"孩子"角色的关系，首先是一个人与另一个人的关系。

德国哲学家马丁·布伯在关系本体论中阐述了两种关系："我和你""我和它"。这两种关系是我们构建与他人关系的方式。

在"我和它"的关系里，"我"看见的不是一个活生生的"你"，而是一个执行我的意愿或者达成我的目标的"它"。"我"只把"它"当成一个物件，不会在意"它"是什么感受或者怎么想。

只有在"我和你"的关系中，"我"才能够把"你"当成一个和我一样的人，我们互动的目的是建立和维持良好的关系，让我们彼此的情感得到滋养，并且合作达到目标。

- 合作

合作是相互的给予和帮助，这是建立在彼此平等尊重的基础上的。

很多父母常常说，我辛苦工作全是为了这个家，为了孩子。

我相信这句话有一定的事实根据，因为养孩子确实需要钱。但是我想问：父母工作真的全部是为了孩子吗？没有孩子，父母就不工作了吗？

父母是为自己工作的，孩子也是为自己学习的。你做你应该做的，他做他应该做的。大家都要承担责任，也都要履行义务。

分清楚这一点，才能够在彼此尊重的基础上谈合作。

我们从小就被教育尊老爱幼，尊重老人、爱护孩子。对于年长的、地位高的、权威或成功的人，我们很容易尊重对方，而对于年幼的、地位低的、收入少或能力弱的人，比如孩子，我们更多是爱护，不太讲尊重。

孩子小的时候，的确需要更多呵护。但随着孩子年龄越来越大，特别是到了青春期以后，他们需要的照护在逐渐减少，而被尊重、被信任的需要在逐日增加。

著名的华人导演李安说过一段话："我做了父亲，做了人家的先生，并不代表说，我就能很自然地得到他们的尊敬，我每天还是要达到某一个标准，来赚他们的尊敬。"

关系是双向的。今天我们怎样对待孩子，明天孩子就会怎样对待我们。这句话我常常拿来自省。为人父母，并不代表着理所当然就应该得到孩子的尊重和信赖，我们每天都要好好对待他们，尊重他们，来赢得孩子同样的尊重。

3 无条件接纳和有原则管教

孩子厌学常常伴随着焦虑和抑郁的问题。厌学以后，孩子不仅不想学习，不去上学，整天待着家里玩手机，甚至很多孩子日夜颠倒，吃饭和睡觉都乱了套。

父母焦虑、担忧，又无奈，每天小心翼翼，不敢提学习，也不敢管孩子。他们害怕孩子情绪不好，更加抑郁。可另一方面，父母内心并不认可孩子目前的状态，怀疑自己是不是在纵容孩子，让孩子"变本加厉""彻底躺平"。

父母的担忧不无道理。

孩子出现问题以后，亲子关系会发生变化，专制型父母往往表现得最突出。

这些父母以前对孩子比较严厉，要求多，指责多，现在孩子不学习了，父母开始自我反思，认为以前对孩子太严厉了，没有真正理解和尊重孩子。

父母的内心充满了自责和内疚，再加上对孩子不学习的焦虑和对抑郁的恐惧，亲子关系很容易变成纵容型。只要孩子现在能健健康康地活着，父母就没有任何要求了，孩子想玩手机就玩手机，想花钱就花钱，不想睡觉就不睡，整天吃外卖就吃外卖。不讲规则，不讲约束，一切以孩子开心为重。

短期看，这样的调整有利于孩子放松下来，但如果一直这样下去，父母对孩子的一切都接纳了，孩子倒是不抑郁、不焦虑了，但彻底躺平了，整天沉浸在网络世界里，丧失社会功能，身体健康也保证不了。

现在很多家庭教育都在提倡父母要无条件爱孩子、接纳孩子。我发现这是一个坑，很多人把这个"无条件"理解错了。

无条件是从根儿上认可和接纳孩子。

我爱你，不会因为你学习好，你听话，你优秀，你能考重点大学，你将来会成功。我爱你是因为你是我的孩子，你一降生，我的爱就开始了，我对你的这份爱和你是否优秀没有关系，这份爱是没有条件的。

这种无条件落到实处，更多的是**对孩子情绪情感上的接纳**。

你不高兴可以，被批评了就会不高兴。你难过哭了，妈妈应该理解和关心你，而不是责怪你。所有的负面情绪，生气、难过、害怕，妈妈可以看见，可以理解，可以接纳，而且应该帮助你。这就是无条件的接纳。

但无条件不是无原则、无限制，恰恰相反，高质量的父母之爱既是无条件的，又是有原则，有限制的。

在无条件接纳孩子情绪情感的基础上，我们对孩子的言行是要有限制的。你可以生气，但不能摔东西打人。你可以不喜欢学习，但不能没日没夜玩游戏。

《西游记》里有一个三打白骨精的故事。一次，孙悟空要出去找吃的。为了防止唐僧被妖精抓去，孙悟空就用金箍棒在地上画了一个圈。他告诉师傅，"只要在这个圈里，你就是安全的，千万不要出了这个圈"。

我们对孩子的爱和这个圈有点类似，家庭教育里也要有这样一个圈。

在这个圈里，孩子可以很自由，可以站，可以坐，可以走，可以躺，可以聊天，但是不能出了这个圈。这个圈是限制，也是保护。如果出了圈就容易失控了，可能有危险。

不过，这并不意味着——如果孩子出了圈，父母就不爱他了。

父母还是爱孩子的，但是出了圈，可能得吃苦头，受到惩罚或者付出代价。

高质量的父母之爱是两手抓的：一只手是无条件，一只手是有原则。

无条件为孩子提供支持，有原则为孩子提供限制。

在孩子的情感上我们无条件接纳，但是在言行和习惯上我们要有限制、有要求。既不能打压孩子，又不能溺爱和放任孩子。

这就是权威型的亲子关系。这是一种高难度的平衡。为人父母，就是在练习平衡。

我跟很多父母开玩笑，教育好孩子，你就是一个平衡大师了。

很多时候，父母就是一只手拿矛，一只手持盾。矛有矛的威力，盾有盾的作用，它们可以相互配合，既能攻击，又能自保，并不会自相矛盾。

4 如何调整亲子关系

（1）先搞好关系，再教育孩子

有一个成语叫"爱屋及乌"，在这一点上孩子表现得特别明显。青少年非常感性和情绪化，相比成年人，他们更凭借自己的感觉去办事。

关系好，孩子就愿意和你在一起，喜欢听你说话，不自觉就会受你影响。你要是语文老师，我语文课就积极表现。你要是数学老师，我的数学进步就很快。很多孩子都是因为喜欢老师而喜欢某一门课。

关系不好呢，一看见你就烦，一听你说话就皱眉，你说得再对再有道理，我一个字都不想听。你让往东，我就要往西。你说这个好，我就非说不好。

很多时候，孩子们压根儿就不会理性分析对错，就是本能地不想听，想要和你对着干。

正常的关系：1+1＝2

良好的关系：1+1>2

不好的关系：1+1<2

同样都是1+1，之所以结果不同，这中间的差别就出在关系上。

关系好就会为合作加分，产生1+1>2的效果；关系不好就会为合作减分，产生1+1<2的结果。

亲子关系要把"关系"放在第一位。没有良好的感情和互动，亲子关系就只有"亲子"，没有"关系"。

父母和孩子的关系好比"1"，各种教育理念、规则、习惯、方法、能力，都是"0"。有了亲子关系这个"1"，后面的"0"越多，孩子就会越优秀。反之，没有好的关系，家庭教育就是无根之木，无源之水。

先搞好关系，再教育孩子。这是我们在亲子关系调整中的首要原则。

就像从一个山头往另一个山头运东西，我们得先把道路打通，然后尽量把这条路建设得好一点，最后才能去运输东西。

父母想要影响孩子，也是这个顺序。

没有良好的亲子互动，无从谈教育。

因此，第一步就是先和孩子建立情感联结，让孩子打开心门，彼此能够有情感沟通的"路"。

然后，我们要把亲子关系这条"路"建设好，让彼此的关系能够经受住一定的矛盾和考验。

最后才是把自己的想法和建议，还有知识、规则、习惯等装车打包，经由这条"通路"抵达孩子的生活和内心世界。

家庭教育里什么最重要？

不是向孩子证明你说得多么对，也不是告诉他错误在哪儿，而是走进他的世界，和他搞好关系，让他认同你、喜欢你，这个时候他才能向你敞开心门，愿意接受你的影响。

亲子关系有问题的家庭，一定要先和孩子建立和修复好亲子关系，然后再用合适的方式去教育和影响孩子。

如果孩子厌学了，父母切记，这个时候要把孩子的心理感受放在第一位，不要急着去告诉孩子学习多么重要或者纠正他们的行为，要先走进孩子的内心，让孩子感觉到被理解，被接纳，被支持。

先走进孩子，再教育孩子。没有良好的关系，无法帮助厌学的孩子。

（2）平衡亲子关系：多退少补

疏远型、包办型、专制型、纵容型，这四种亲子关系如何调整？有一个原则，就是多退少补。

对比权威型的亲子关系，看一看爱孩子和管孩子这两只手，哪只手多了哪只手少了，多了的地方要减少，不够的地方要增补。

疏远型关系：爱的匮乏，亲密不足，关心不够。

建议：

先建立好关系，再教育孩子。

重视孩子，多倾听，多陪伴，和孩子玩耍，做孩子喜欢的事情。

经常和孩子谈谈心，多表达对孩子的关心和爱，认可并鼓励孩子。

包办型关系：生活上照护太多，情感上自由太少。

建议：

学会放手，向后退，让孩子自我管理，自我负责。

尊重孩子，少评价，少建议，多鼓励，多肯定。

适度拉开距离，培养自己的兴趣爱好，不要把所有的注意力都放在孩子身上。

专制型关系：不平等，不尊重，管孩子太强硬，指责多。

建议：

尊重孩子，平等对待孩子。

多倾听，多认可，少评价，少指责。

学会向孩子道歉。

纵容型关系：太自由，太放纵，界限不清，规则不足。

建议：

培养良好习惯，有底线有规则，让孩子学会自我负责。

以身作则，坚持规则，不要轻易变动。

不要把所有的注意力都放在孩子身上，要有自己的生活。

亲子关系是不断变化的，我们在判断如何调整亲子关系的时候，一定是以当下的关系为基础，在目前的这个基础上进行改变和调整。

给大家举个常见的例子：

如果孩子厌学了，和父母很难沟通，他们常常会自我封闭起来。很多孩子会一头扎进网络游戏的虚拟世界，不让父母进自己房间，不跟父母说话。

在此之前，父母和孩子之间的关系很可能是专制型或者纵容型，但是，在目前的这个当下，他们的亲子关系已经变成了疏远型。在调整的时候，就要先改变这个疏远的关系。

（3）先联结，再巩固，再调整

欣欣家是一个典型的三口之家。爸爸在互联网公司上班，妈妈是一名护士。爸爸妈妈的工作都很忙，小时候欣欣主要由外婆照顾，上了初中以后，欣欣开始住校，外婆就回老家了。

高中一年级，欣欣开始厌学，不想去上学。刚开始爸爸妈妈非常强势，逼着她去上学，欣欣大哭，家庭冲突不断。

让我们来看看欣欣家的关系：

爸爸和欣欣一直比较疏远，爸爸经常不在家，即使在家里，两个人也很少说话。

妈妈也比较忙，但相比爸爸，和欣欣的关系要紧密一些。妈妈下班后已经很累了，周末有时候还加班，只要她有时间，就要催着欣欣去学习，指责和批评比较多。

欣欣在家里基本上什么家务活都不干，以前是外婆做，现在是妈妈做，欣欣的一切都被安排和照顾得很好，饭来张口，衣来伸手。

很明显，在这个家庭中，爸爸和欣欣的关系是疏远型的，妈妈和欣欣的关系是"疏远型＋专制型＋包办型"，外婆跟欣欣的关系是"包办型＋纵容型"。

现在外婆不在这个家里，爸爸继续忙工作，把照顾孩子的任务推给妈妈。咱们先不说爸爸，单纯来看妈妈和欣欣的关系，疏远、专制和包办同时存在，如何调整这个关系呢？

不同类型的亲子关系有不同的调整方向和重点，但大的原则是一样的，主要原则有两个：

- 任何时候都以亲子关系的联结为基础，先搞好关系，再教育孩子；
- 针对不同的关系类型，多退少补，平衡爱孩子和管孩子的关系。

亲子关系的调整目标是构建权威型的关系，首先要亲密，孩子和父母有坚固稳定的情感联结。在关系亲密的基础上，我们再去做一些微观的调整，使它达到亲密有界、平等合作的目标。

这就涉及一个调整顺序的问题，亲子关系的调整原则是先建立关系，再巩固关系，最后再调整关系。按照先联结，再巩固，再调整的方式去做。

具体说来，当妈妈对欣欣情感上疏远，学习上专制，生活上包办的时候，最先调整的是情感上的疏远，要先和孩子建立情感联结，让孩子对妈妈产生信任和亲近感。

接着改变专制型的关系，平等尊重地对待孩子，多和孩子沟通，表达爱，让彼此的关系升温，巩固住彼此的情感联结。

当欣欣和妈妈可以放松地讨论自己的情绪感受和想法的时候，妈妈才有了进一步调整包办型关系的基础。

如果不按照这个顺序，一上来就去改变对孩子的包办，"你现在厌学就是因为我操心太多，管得太多了，现在我什么都不管了"。如果妈妈这样做，欣欣会把这些当成对自己的指责和放弃。

孩子厌学，父母或多或少都会对孩子有情感上的忽视和疏远，这个时候，不要急着去管教孩子，先做情感联结，改变情感疏远的关系。

如果和孩子的关系既疏远，又专制，又包办，又放纵，那么在调整的时候，一般来说要按照疏远—专制—包办—放纵的顺序去做改变。

前三种关系，以父母的调整为主，孩子会感觉比较舒适。

最后调整放纵型的关系，因为这一种关系会引起孩子的不适，亲子关系必须要足够稳固才能有好的效果。

5 亲子关系需要不断升级

（1）亲子关系需要伴随着孩子的成长不断变化

我们常常教育孩子"怎样才是好孩子"，你有没有想过，如果站在孩子的视角上，"怎样才是好父母呢"？如果把当父母看成一种职业和工作，这份工作要如何考核呢？

我觉得好父母有两个标准：

一个是满足孩子当下的需要。这种需要包含着生理需要（吃喝拉撒睡），也包含着心理需要（安全感、价值感、快乐有意义、对知识的渴求、对世界的好奇等）。

另一个是为孩子的长远发展做好准备，比如培养孩子的学习、习惯、性格、能力、人际交往、兴趣、爱好、优势等，都属于这个层次。

孩子年龄不同，成长重点不一样，对父母的要求也不一样。20世纪著名的发展心理学家爱利克·埃里克森，把一个人的心理发展划分为八个阶段，每个阶段都有其特殊的发展任务。

婴儿期（0~1.5 岁）：通过与抚养人的关系获得信任。

幼儿期（1.5~3 岁）：通过掌握生活技能，获得独立的自主感。

学前期（3~6 岁）：通过探索新环境，获得主动性。

学龄初期（6~12 岁）：通过勤奋学习，获得成就感，避免产生自卑感。

青春期（12~18 岁）：通过对周遭事物的观察和思考，建立起真正的自我感。

成年早期（18~30 岁）：通过建立爱情和家庭，获得亲密感。

成年中期（30~60 岁）：通过成家立业，获得生命的延续感。

成年晚期（60 岁之后）：如果以上个阶段都能保持积极向上的人生观，晚年就会获得一生的完美感。

亲子关系需要伴随着孩子的成长而变化。

婴幼儿阶段，吃喝拉撒是主题，父母能够情绪稳定，把孩子照顾好就可以了。孩子再大一点，习惯培养成为重点，自己吃饭、如厕、穿衣、刷牙，孩子在自我掌控的过程中发展能力和自信。

进入小学，学习成为主旋律，父母充当了半个老师，检查作业、安排学习成为每日主题。

等孩子进入青春期，"我是谁""我要过什么样的人生"，人生选择和价值问题成为孩子探索的主题，如何帮助孩子找到自信，找到自我价值，父母要充当助手、提供推力。

然后，孩子远离父母，开始在社会上独立，父母既是最坚固的大后方，又是孩子的领路人。

很多孩子在青春期出现心理问题，一方面跟孩子青春期身体和心理的成长特点有关系，另一方面也是因为青春期的孩子面临的挑战比较多，无形中对父母提出了更高的要求。

很多父母没有这些能力，他们更善于提供一些现实层面的帮助，比如做饭、洗衣服、给钱，等等，但无法在心理和精神层面提供养料，无法适应孩子的这些发展需求，就很容易在孩子遭遇困难时被卡住。

（2）母性的提升和父性的加强

有父母问：在亲子关系里，爸爸、妈妈和孩子的关系有没有什么不同？

这个问题特别好，母子和父子的关系的确很不一样。孩子心理的成长，不仅需要母性的滋养，也需要父性的力量。我这里说的母性和父性不是单纯的性别，而是指两种不同的特质。

母性力量侧重包容、接纳、温暖、柔和，它是一种比较博大、向内的力量。

父性力量更注重勇敢、发展、创新、突破、进取，它是一种比较聚焦、向外的力量。

其实，我们每个人都既有母性的力量，又有父性的力量。比如有些女性，风风火火，雷厉风行，她们身上父性的力量很强大。一些男性比较温暖，情感细腻，母性的力量很充沛。

不过一般来说，孩子母性的力量更多来自妈妈，父性的力量更多来自爸爸。

母性的提升

孩子越小，母性的力量越重要。

在孩子成长的最初阶段，妈妈就像孩子的情感容器，给孩子提供充足的安全感和信任感。孩子在妈妈的接纳中舒展地成长。

当孩子进入青春期后，他们会逐步从家庭到学校再到社会，这是一个不断向外、迎接挑战的过程。孩子需要更多情感上的引领和支持，母性的力量需要不断提升。

这时候，妈妈要在接纳和包容的基础上，给孩子更多的引领，以深度交流为核心，提供情感上的信任、理解和支持，帮助孩子发展出自信和价值感。

父性的加强

孩子年龄越大，越需要向外的父性的力量。

很多厌学的孩子逃避上学，整天待在家里，他们缺乏面对挫败和挑战的勇气。分析他们的家庭，常常是父性的力量匮乏，爸爸和孩子互动少、关系差，孩子主要由妈妈和老人来抚养。

无论男孩还是女孩，父性的力量都是非常重要的。

孩子小的时候，爸爸更多的是通过支持妈妈来影响孩子。爸爸爱妈妈，妈妈情绪好，孩子就好。

到了孩子初高中时，爸爸就要更多地充当引导者的角色，通过良好的互动和示范，激发孩子向外发展的能量。

| 本章小结 |

- 孩子厌学的家庭中有四种常见的亲子关系类型：疏远型、包办型、专制型和纵容型。
- 权威型关系是亲子关系的调整方向，既能亲密有界，又能平等合作。
- 无条件接纳是从根儿上认可和接纳孩子，不是无原则、无限制。高质量的父母之爱既要无条件接纳，又要有原则管教。
- 要先搞好关系，再教育孩子。针对不同类型的亲子关系，要平衡好爱孩子和管孩子这两个方面。
- 亲子关系要伴随孩子的成长不断升级。

互动练习 4

调整亲子关系

（1）你和孩子的关系属于哪种类型？

疏远型☐　包办型☐　专制型☐　纵容型☐　权威型☐

（2）对照"亲密有界、平等合作"的要求，你应该如何调整亲子关系？（增加什么或减少什么？）

加关心☐　加接纳☐　加认可☐　加鼓励☐　加点赞☐

加边界☐　加规则☐　加管教☐　加尊重☐　加平等☐

加倾听☐　加理解☐　加沟通☐　加合作☐

减指责☐　减批评☐　减专制☐　减包办☐

减评价☐　减捆绑☐　减要求☐　减放纵☐

第五章 一个场：
增强家庭支持

1 厌学是家庭"生病"的信号

当孩子厌学时，如果只看到孩子不学习的行为，会认为这是孩子一个人的错。可如果能够看见孩子的痛苦、无助和挣扎，看见他得不到理解、支持和帮助，就会明白这不仅仅是孩子一个人的事，更是整个家庭的"问题"。

厌学是一个家庭的"化验单"，表征出这个家庭"生病"了，无法提供良好的家庭功能。

（1）家庭是土壤，孩子是植物

当我接触一个孩子时，很快就能猜测出他大概来自一个什么样的家庭，有着什么样的成长经历。

这并不玄奥，所有学过心理学的人，都知道这里面的因果——经历会以特殊的方式"写"在每个人的感受、想法和行为中。

看见一个孩子，就同时看见他所处的环境，看见他过往的经历。

孩子之所以是现在的样子，不是天生的，而是后天塑造的结果。

著名的教育家、脑科学专家洪兰博士说："好孩子，三分天注定，七分靠教育。"她所说的教育不是教孩子知识，指的就是孩子的养育和成长环境。

自卑一定有自卑的原因。习惯讨好他人，一定有需要讨好的环境。孩子纠结矛盾，内心的冲突从哪里来？孩子厌学叛逆，他讨厌什么，想要什么？

家庭是土壤，孩子是植物。

植物长虫子生病了，我们应该怎么办呢？只把叶子和枝条剪掉就可以吗？

治标没有用，还得治本。

植物和土壤是分不开的。给植物捉虫修剪的同时，我们也得分析土壤，营养够不够？有没有生虫？该施肥施肥，该打药打药。土壤健康，营养丰富，植物自然长得好。

（2）厌学需要两手抓：一只手抓孩子，一只手抓家庭

在青少年的心理咨询中，对孩子的干预不能只做孩子的咨询，要两只手工作，一只手抓孩子，一只手抓家庭。孩子的改变和家庭的改变要同时进行。

20世纪60年代，美国一位叫萨提亚的心理学家发现一个有趣的现象。当时，她正在治疗一个女患者。经过一段时间的干预，这名女性的状态有了明显改善，然后她回到了家里。可没过多久，她以前的问题又出现了。

这次她和妈妈一起来到咨询室。当这对母女同时坐在咨询室里

时，萨提亚惊讶地发现：女患者和之前判若两人！

萨提亚建议母女一起接受咨询。很快患者又有了改善，和妈妈的关系也更和谐了。可她们回家后不久，问题再次出现了。

这一次，萨提亚邀请父亲一起参与咨询。当父亲来到咨询室，惊人的一幕再次重演。女患者和妈妈都表现得和平时不一样！

萨提亚受此启发创立了家庭治疗。这种方法并不只是把个人的问题作为问题，而是把个人放到其生活的整个家庭环境中来观察，对家庭开展干预和调整。

当一个孩子表现出厌学、焦虑、抑郁等问题时，我们不能只盯着这个孩子，不能把所有的精力聚焦在孩子的"问题"上，一叶障目。

面对孩子，我们要有家庭观和系统观，要从"问题"向外扩展，扩展到孩子的生活和压力，扩展到家庭和学校，有时候甚至要考虑家庭所处的时代和社会环境。

2 改变家庭氛围，提高爱的温度

晓军，一个 16 岁男孩，高一休学，被医院诊断为抑郁状态。

妈妈说，晓军的状态非常差："一天到晚都待在自己的房间里玩游戏。除了上厕所和一两顿餐，基本上不出房间。和父母很少说话，跟爸爸是一句话都不说，跟妈妈偶尔说两句，只是因为吃药吃饭这样的事。孩子脾气暴躁，很不耐烦，妈妈多问一句就会发火。"

暑假晓军到姑姑家住了一段时间，在这十几天里，他还是玩手机、玩游戏，但是让父母惊喜的是——晓军每天有很多时间在客厅里，和姑姑一家人看电视、吃饭、聊天。

姑姑觉得晓军的状态还好，情绪和思维正常，沟通表达也没有问题。可是，一回到自己家，晓军又变成了以前的样子。

（1）家庭是冰窖还是暖阳

一个家庭是有温度的。这个温度不是温度计能够测量的，不是体感，而是"心感"，是内心的感觉。

有的家庭和煦温暖，如春夏一般，阳光明媚，让人放松、舒展。

有的家庭阴雨绵绵，暗流涌动，让人紧张、担忧，好像暴风雨就要来了。

还有的家庭就像冰窖一样，寒冬腊月，彼此隔离，让人感到刺骨的冷，只想逃开。

为什么在姑姑家晓军状态很好，在自己家里就不好呢？

其他的一切都没有变化，只有环境不同。是环境决定了晓军的变化。

有一次，晓军感叹："你们家真好，家庭氛围很舒服，让人放松。"姑姑听了很心酸。

人都是受环境影响的。在一个舒服的环境里，晓军感觉舒服、放松，他愿意待在客厅里，愿意跟亲人聊天吃饭。但如果家里的环境压抑、冷漠、紧张，晓军感受不好，自然就想隔离和逃避。

来看下面这个小故事：

太阳和风打赌，看谁能够让一个人脱下外套。风先上，他呼呼地吹起来，卷起落叶和石块。这个人不仅没有脱掉外套，反而把外套裹得更紧了。

风灰溜溜地败下阵来，轮到太阳了。

太阳不疾不徐，照耀着大地，温度越来越高。刚才那个人很快就大汗淋漓，脱了外套。

你的家里温度怎么样？是寒风凛冽还是旭日暖阳？

在这样的环境里，孩子会放松地脱下衣服，还是紧张地裹紧大衣呢？

（2）如何调整家庭氛围

• 停止争吵

冲突不断的家庭，要先停止冲突，停止争吵。

夫妻之间有矛盾或者隔代之间有冲突，不要当着孩子争吵，不要把孩子搅和进来，更不要让孩子站队评判。

• 少指责，多夸赞

语言是有能量的，"良言一句三冬暖，恶语伤人六月寒"。我们常常会低估语言的伤害性。你可以回想一下，让你记忆深刻的伤害是不是某人说了某句话？

学会管住嘴，伤人的话少说，给孩子赋能的话要多说。

• 和孩子多说点"没用的话"

很多家庭有事才说话，没事不说话。父母不喜欢也不擅长和孩子聊天、唠嗑，认为这些话没意义，都是废话，没有用处。

心理学研究发现，说"废话"多的家庭幸福感更强。语言除了传递信息，更重要的是表达感情。"废话"的作用就是在倾诉中表达感受，表达亲近。

父母要学会少讲道理，多讲感情，多说点没用的"废话"。

• 一起做点"不重要的事"

安排家庭时光，一家人要有一些共同做的事儿，比如看电影、吃饭、散步、打球等。

这些事都是小事，本身不重要，但"一起做"很重要。

美国总统奥巴马的夫人在传记里说，只要奥巴马在白宫，就会尽量陪孩子们吃晚餐。

父母要安排一些家庭活动，全家人都参与，这种活动也在告诉每个人：我们是一个家，我们在一起。

• 一起玩

能够玩到一起的家庭，关系不会差。

孩子都喜欢玩，有些大人也喜欢玩，一起玩是最容易拉近距离的。孩子交朋友、年轻人谈恋爱都是从玩开始的。玩起来就会轻松有趣，会开心，哈哈大笑。

父母首先要有自己感兴趣的事，也要关注孩子感兴趣的事，找共同点一起玩。

如果你不会玩、玩不好也没关系，玩不是为了结果，重在过程。

• 不要总盯着孩子，自己先快乐起来

孩子厌学，很多父母脑子里就只有上学这件事，恨不能 24 小

时时盯着孩子。

父母要放松点，做点让自己开心的事，先要让自己有温度，松弛下来。

父母放松下来了，孩子才愿意亲近你，家里气氛才能放松。

父母能量高了，由冷风变成暖阳，才能温暖和照亮孩子。

3 四种家庭，四把解决问题的钥匙

我们经常说孩子厌学了要调整家庭关系，什么是家庭关系？一个家庭中有多少种关系？

以一个四口之家（父、母、兄、妹）为例，我们来数一数家庭中的关系：

两个人的关系：夫妻、母子、父子、母女、父女、兄妹。

三个人的关系：父母子、父母女、母子女、父子女。

四个人的关系：父母子女。

一个四口之家一共有 11 种关系！

如果这个家庭里多一个成员，关系不是增加一个，而是翻了不止一倍！

家庭就是一个小社会，每个人都有自己的感受、想法和期待，据此形成了不同的关系。孩子厌学时，我们要好好分析对孩子产生重要影响的关系有哪些，不同的家庭问题，解锁的钥匙也不同。

（1）父母经常吵架——解锁钥匙：求同存异

小菲是在父母的争吵中长大的。妈妈很强势，爸爸也不示弱，两个人说不了几句话就会大吵。初三小菲开始不想上学。一看孩子出问题了，父母没有停止争吵，反而闹得更凶了。

妈妈指责爸爸不关心孩子，对孩子疏于照顾，孩子出问题就是因为爸爸不作为。

爸爸认为妈妈的责任更大，妈妈太强势，整天责备批评女儿，女儿才会叛逆不去上学。

父母只顾着吵架，丝毫不理会小菲的感受。小菲经常头疼，有时候还会耳鸣、头晕。

在咨询中，我发现小菲父母虽然吵架多，但并没有原则性冲突，都是些鸡毛蒜皮的小事。

两个人性格差异很大。妈妈脾气急躁，认真，努力，完美主义。爸爸则是一个慢性子，自我要求不高，喜欢和朋友出去玩、喝酒。

两个性格不同的人带着各自在原生家庭中的成长经历组成一个新家，都有各自的习惯和想法，免不了锅碰盆、盆碰勺。

我问小菲父母："你们整天吵架，为什么不分开啊？"

小菲妈妈说："也曾想过分开，但犹豫了很久，还是算了。"

既然不想分开，说明还是有一些共同的东西存在的。我问："你们什么地方是相同的呢？相互吸引的是什么呢？"

妈妈说："爸爸这个人比较可靠实在。"

爸爸说："妈妈这些年为这个家付出了很多。"

谈到这些，两个人的表情柔和很多，声音也温柔了。

婚姻里最常犯的一个错误就是总想改变对方。

改变你能改变的，接纳你不能改变的。对大多数有冲突的父母来说，接纳比改变更重要。

夫妻关系里最需要学的就是求同存异。

两个人再好也不会好成一模一样，有不同是正常的。不是谁对谁错，只是不一样而已。

学会接纳差异，欣赏对方。不管是在夫妻关系还是亲子关系中，这都是非常重要的。

小菲父母意识到，虽然两个人整天吵架，但彼此之间还是有感情的，两个人都很爱孩子，谁也离不了谁。

他们停下争吵，控制自己的情绪，学着接纳和欣赏对方。夫妻关系一旦改善，家庭里的气氛就不一样了，小菲也没有以前那么烦躁了。

（2）隔代养育理念不一致——解锁钥匙：先感恩再划界

小陶家有四个人。外公去世了，外婆搬过来和他们一起居住。

疫情期间，小陶上网成瘾，学习成绩大幅下降。开学以后，他不想去上学，断断续续请假。只要在家里，就一天到晚拿着手机。

父母批评小陶，外婆护着外孙，指责小陶父母。

小陶妈妈对外婆不满，经常和外婆吵架。外婆批评女儿不孝顺，小陶妈妈很委屈。小陶爸爸顾及老人的感受，不敢跟老人冲突。

父母没法管小陶，小陶就钻了空子，经常不去上学，并在父母和外婆之间告状。

尊老爱幼，互帮互助，这本来是件好事，但隔代养育常常会带来一系列问题。

一般来说，老人对孩子爱得多，管得少；照顾多，要求少；放松多，规则少。

孩子可能很舒服、很自在，但从长期来看，放纵型的关系不利于孩子成长。

心理学中有一个概念叫核心家庭，核心家庭就是小家庭，由父母和孩子组成的家庭。

与核心家庭相对应的就是大家庭，这个家庭则包含着家族的其他成员，比如老人、叔叔、姑姑、表姐、表弟等。

就像两个圈圈，核心家庭是小圈，大家庭是大圈。

大家庭温暖有爱是好事，可以使核心家庭得到很多帮助和支持，但也有一个隐患，就是大家庭和核心家庭的界限不明晰。

比如小陶家，在孩子的教育上，谁说了算呢？

按理说应该是父母，父母是孩子的第一监护人。但实际上，这个家庭中的老大是外婆。父母对小陶的规则和限制不管用，外婆一句话就否定了，放任孩子看手机，给孩子很多零花钱，父母根本管不了。

既想管教孩子，又想顺从外婆，小陶的父母处在两难之间，怎么办呢？

好像没有两全之策，只能做排序做选择，是把外婆的感受放在第一位还是把孩子的教育放在第一位呢？

我的建议是和外婆在感恩的前提下充分沟通。感恩外婆对孩子的爱，对小家庭的付出，但要申明这样的错位对孩子不是好事，父母应该在养育中占主导作用。

小陶的父母很担心外婆的反应。让他们万万没想到的是，当他们表达了对外婆充分理解、尊重和感恩后，外婆流泪了！

外婆一辈子都很要强，现在年老体衰，很害怕自己做不了事，没有价值。她爱孩子，当然也希望外孙好。

你看，以感恩为前提，划清家庭的责任和权利，并不会损伤家庭关系，反而会利于家庭合作。退一万步讲，如果真的有损关系，也是暂时的，可以在日后弥补，不能以牺牲孩子的教养为代价。

（3）二孩问题——解锁钥匙：平等对待

晓晓不喜欢待在家里，"一家人都围着弟弟转，没有人关心我"。

晓晓家有四个人：爸爸、妈妈、她和弟弟。她17岁，上高二。弟弟3岁，上幼儿园。

爸爸很忙，基本不在家。在家的时候也总是和弟弟玩，晓晓和爸爸几乎不说话。妈妈总说自己很累，要工作又要照顾弟弟，希望晓晓听话，不要给她找麻烦。

晓晓说："从小到大，我就是父母的麻烦。他们想要儿子，却生了我。对弟弟就不一样了，爸爸偏心，他和弟弟说话的语气都不一样。"

前不久，弟弟过生日。本来是一个应该高兴的日子，晓晓却很难过，一个人躲在房间里大哭。"他们从来没有特意给我过过生日，弟弟才3岁，他什么都有，我什么都没有。这样活着有什么意义，还不如不要生我……"

父母听到她哭，又生了一通气："好好地过生日，怎么这么丧气！"

我跟父母谈晓晓的感受，他们很震惊。

爸爸承认自己重男轻女，一直想要一个儿子，可能对儿子有些溺爱，但他觉得对待女儿也不错。

为了让晓晓学习成绩更好，父母一直给她上私立学校，花了很多钱，从来不计较。怎么女儿一点也感觉不到父母的爱呢？

妈妈也很委屈："都17岁了，怎么长不大呢？弟弟才3岁，当然得多照顾他啊！"

父母不理解晓晓，晓晓也不理解父母，这个家庭怎么破局呢？

如果我们不考虑晓晓的年龄，把她当成和弟弟一样的孩子，这个问题就很容易理解了。

两个人都是孩子，都需要父母的关心和爱护，可他们得到的确实差距很大。

古人云"不患寡而患不均"，如果父母不懂怎么爱孩子，两个孩子都一样，晓晓的心里可能还没有这么委屈。可现在，有弟弟作为参考，她得到的爱就显得微不足道了。

"大孩子让着小孩子""姐姐要让着弟弟"，这是大人很喜欢讲的话。

父母有没有想过，那个大孩子会是什么感受？年龄大一点就不是孩子了吗？姐姐就不需要父母照顾了吗？她会觉得公平吗？她能感觉到父母的爱吗？

如果家里有两个孩子，容易出现心理问题的常常是大孩子。

小孩子因为年龄优势，天然能够得到父母更多照护。大孩子不仅要适应父母的爱从自己身上转移到弟妹身上，还会因为父母的要求和不理解而伤心难过。

虽然年龄有差距，但他们都是孩子。青春期的孩子不需要父母像照顾幼童一样照顾自己，可他们的内心仍然渴望父母的关心和呵护。他们对情感的需要一点也不比幼童少。

知道了这些，晓晓的父母很快做出了调整，妈妈主动拿出更多时间来陪女儿。

感受到父母的改变，晓晓的委屈慢慢化解了。她知道爸爸有点重男轻女，但人无完人，父母给她的爱也不少啊。

（4）丧偶式育儿的家庭——解锁钥匙：爸爸回归

小赫妈妈一个人来到心理咨询室。她说，孩子15岁了，初二，在家里天天上网，一点儿也不学习，已经有两周不去学校了。整天黑白颠倒，不愿意来咨询。

"爸爸呢？"我问。

"他根本指望不上，整天都加班，见不着人。孩子从小到大都是我一个人的事儿，爸爸就知道工作，家里什么都不管。现在看见儿子状态不好，他想管，孩子根本不听，对爸爸非常排斥，两个人就像仇人一样一句话都不说。"小赫妈妈叹了口气。

"你和孩子的关系怎么样？"我问。

"以前孩子小，还挺听话。上了初中，年龄大了，可能是青春叛逆期，一点也不听话，让他学习也不学习，让他出去玩也不出门，天天就拿着手机玩。我说什么他都不听，嫌我烦，跟我发脾气。看着他天天这样，我真不知道怎么办。"小赫妈妈情绪激动，边说边哭。

爸爸忙工作，妈妈照顾孩子，这种家庭模式在我们身边有很多。父母似乎有一个明确的分工：爸爸负责赚钱，妈妈照顾孩子。但我们经常看到的结果是"爸爸缺席 + 妈妈焦虑 = 孩子失控"。"男主外女主内"的家庭模式存在了上千年，为什么现在容易出问题呢？

我们不妨从孩子的需要开始说起。孩子需要什么？孩子需要的东西靠妈妈一个人能够全部给到吗？

很多爸爸会强调钱的重要性，养孩子的确需要很多钱，可孩子的成长中光有钱肯定不行。孩子不仅需要一定的物质基础，更需要心理和精神上的滋养。

孩子失控，父母都有责任。首先爸爸缺席，只提供金钱和物质上的支持，使孩子缺乏来自父亲的关爱和支持。

只有母爱滋养的孩子能不能身心俱足呢？这就要高度依赖母爱的质量了。

"缺席的爸爸 + 焦虑的妈妈"，在这样的组合中，父亲缺席，母亲焦虑，孩子就没有办法得到足够的心理营养。心理发育受阻，就会通过失控的行为表现出来，而孩子失控最突出的表现就是厌学。

还有一个更为深远的影响：当爸爸缺席时，妈妈缺乏丈夫的关爱和支持，很容易和孩子，特别是儿子发展出共生的情感关系。

妈妈和孩子捆绑在一起，妈妈的生活全部围绕孩子转。孩子年龄小时，乐于充当妈妈的"小暖男"。在母子关系里，妈妈得到来自孩子的情感寄托和安抚。

但到了青春期，孩子需要发展出独立的自我感和价值感，需要摆脱和妈妈的共生关系。无论对妈妈还是孩子，这都会带来很大的挑战和困难。

我给小赫家的建议是：爸爸先回归家庭。妈妈欣赏爸爸，爸爸关心妈妈，两个人相互合作，共同给孩子提供力量和支持。

小赫爸爸意识到自己对家庭太疏忽了，儿子和妻子都很需要他，他立刻做出调整，每周都会拿出一天待在家里。

我给爸爸的任务是不要去管孩子学习，就是陪孩子玩，可以陪孩子玩游戏，也可以一起出去骑车，这一天全家人一起吃饭，大家都开开心心的。

家庭氛围变了，小赫的情绪稳定了很多，发脾气少了，看手机也少了，有时候还会自己打打篮球。

4 父母要活成孩子乐于学习的榜样

小雨家一共四口人：爸爸是外科医生，妈妈是小学老师；小雨17 岁，读高二；妹妹 8 岁，读小学三年级。

在咨询中，小雨经常问："人这么努力到底是为什么？我不知道以后能干什么，我觉得自己什么也干不了。"

"你喜欢做什么呢？"我问。

"我什么都不喜欢，反正以后不学医，坚决不当医生，也不当老师，也不结婚，更不会生孩子……"

爸爸是医生，孩子坚决不学医。妈妈是老师，孩子也不想当老师。像小雨这样的情况并不少见，父母很优秀，学历高，工作体面，可是孩子却明确表达不希望活成父母的样子，为什么会这样呢？

（1）父母活成了"反面教材"

"以后可千万不能像我爸一样"，在我看来，最悲哀的家庭教育就是孩子不想或者害怕活成父母的样子。

这里面包含着孩子对父母深深的否定，孩子不认为父母的生活和工作是有价值的，是幸福的，是值得期待或者效仿的。

换句话说，父母不仅不是孩子的学习榜样，反而是一个活生生的反面教材。

言传身教，言传不如身教。父母做什么、怎么做，比说什么更重要。

"龙生龙凤生凤，老鼠的儿子会打洞"。学习都是从模仿开始的，下一代总是无意识地模仿上一代人的言行。

父母喜欢整洁干净，孩子就会受不了脏乱。

父母热爱运动，孩子就会有运动特长。

父母彬彬有礼，孩子就会有礼貌有教养。

相反，如果父母不自律，整天看手机，孩子也会一样。

父母整天发脾气，口无遮拦，孩子也很难好好说话。

父母没有爱好，生活无趣，孩子很难热爱学习，热爱生活。

青春期的孩子正处于人生观、价值观和世界观的形成期，他们非常需要榜样。

为什么很多孩子会追星啊？追星是孩子的一种心理需要，明星就像是光一样，孩子们需要一种对榜样的追寻。

绝大多数厌学的孩子在现实生活中没有学习的榜样，父母不是，老师不是，亲戚、朋友、同学也不是。他们可能喜欢二次元或漫画中的人物，但在现实生活中缺乏榜样。

没有榜样就好像没有灯塔一样，小船在大海上航行，没有灯塔的指引就没有前进的方向。

我们常常说，榜样的力量是无穷大的。榜样就是孩子的光，没有榜样就没有方向。他们不知道要活成什么样，没有什么是特别值得期待的。

最好的教育就是孩子愿意以父母为榜样，孩子能够去欣赏父母，希望自己能够活得像爸爸妈妈一样。可以想象一下，如果孩子像崇拜明星一样崇拜自己的父母，那么他们得多么有力量。

父母要觉察自己的言行，和孩子的互动不仅仅是生活日常，更是一种无言的"教育"。

想要孩子怎样，父母就要先做到。

想让孩子脾气好，父母就要先管理好自己的情绪。想让孩子勇敢，不怕困难，父母就要先勇于承担责任。想让孩子好好说话，父母就要以非暴力的、平等尊重的方式对待孩子。

（2）让孩子看见你对工作和生活的热爱

"你热爱工作吗？你的生活有价值感吗？"这个问题是个灵魂拷问，似乎很缥缈，但对于每个人来说，这个问题都很重要。

孩子厌学常常是父母厌恶工作、厌恶生活的延续。

很多父母不喜欢工作，没有价值感。不少人告诉我："如果能够不工作，我真想躺平了。"

不管是孩子对学习，还是父母对工作，都处于被迫的、不得不学、不得不做的状态。

父母要反思，孩子的厌学里是不是有自己的影子？

言传身教，要想孩子热爱学习，我们就得先热爱生活。如果孩子从小到大都没有见过"热爱"，只见过"厌恶""被迫""抱怨"，那热爱从何而来呢？

如果父母热爱自己的工作，那当然最好。

但如果工作只是谋生的手段，父母确实不热爱，或者很多全职妈妈没有工作，那怎么办呢？

父母不一定为了孩子非要热爱工作，但一定要热爱生活。

生活不仅仅是工作，也可以有自己的爱好、特长和朋友圈，从中可以感受到充实和快乐，体验到幸福和有价值。

作为孩子的榜样，父母每天活得充实、快乐、有价值、有意义，正能量满满，这是非常重要的。

父母是孩子和社会的连接点，父母传递正能量，孩子会认为社会是美好的，未来可期。

父母总传递社会的负能量，孩子就认为社会很糟糕，没有什么是值得去奋斗的。

在很多家庭中，父母其实很热爱工作。但是，他们不会跟孩子讲，他们的热爱孩子看不到，孩子看到的是父母很累、很烦的一面。

就像在小雨家，小雨就认为爸爸工作很忙，家里什么都不管，一回家就发脾气，大男子主义，喜欢指责批评别人。

这是小雨爸爸在孩子眼里的样子。

实际上，小雨爸爸在医院里非常优秀，他热爱自己的工作，很有热情和价值感。但很可惜，这一面小雨在家庭里看不到。她看到的是爸爸在家里的表现，听到的是爸爸的辛苦和抱怨。所以，在她的眼里，医生的工作就是忙、累、烦。

（3）跟着妈妈学做女人，跟着爸爸学做男人

有一个关于"夫妻相"的说法很有意思：如果夫妻两个人关系和谐美好，这两个人会越长越像，从长相到衣着，从举手投足到音容笑貌，他们像被婚姻塑造了一样，高度一致，非常和谐。

两个人没有血缘关系，为什么会越来越像呢？

因为彼此欣赏，所以彼此成就。

父母和孩子一起来做心理咨询的时候，我常常会发现这个孩子谁都不像。女孩不像妈妈，男孩不像爸爸。当然，我这里说的不是容貌，而是他们的衣着、表现、想法和观念上的差别。

小雨告诉我："我妈买的衣服，我一件都不喜欢。我喜欢的她都看不上。我们两个人就不像一对母女，谁也看不上谁。"

一个女孩要成为女人，她要向谁学习呢？一个男孩要成为男人，他要向谁学习呢？

孩子只能向他们的同性父母学习。女儿向妈妈学做女人，儿子向爸爸学做男人。

如果妈妈是女儿讨厌的反面教材，女儿如何成长为女人呢？

学习是一个很宽泛的概念，不仅仅是书本知识，更涉及孩子对自己、对他人的认识：我是什么样的，别人是什么样的，女人什么样，男人什么样，婚姻是什么，爱情是什么，家庭是什么……这些问题可能不一定被我们认真讨论过，但孩子会本能地从周围环境中寻找答案。

如果家庭和谐，爸爸是个好男人，妈妈是个好女人，孩子就很容易找到正确答案。

如果家庭冲突不断，爸爸不像好男人，妈妈不像好女人，婚姻不是好婚姻，孩子找到的答案就被扭曲了。

在小雨看来，妈妈的生活就是压力大，事情多，又工作又带娃，日复一日地苦熬。父母的婚姻就是争吵、指责和冷战。生养孩子是拖累和累赘，只会让所有人更累更烦。

男人，女人，婚姻，工作，生活……在小雨的眼里，一切都不美好，没有什么是值得期待的。

（4）最好的教育就是"活给你看"

详细分析了小雨家的情况之后，我建议父母从自我开始，首先改变在家庭中的互动方式，更多给孩子传递正向的、积极的能量，而不是把自己对工作、对婚姻的负能量带到孩子身上。

小雨爸爸自我反思很彻底。他发现自己的确是这样，在外面对病人和朋友很有耐心，工作上的压力其实是被压抑并带回了家里。

家里他应该是一个丈夫，一个父亲，但他已经没有耐心和心力去承担琐碎的日常了。当妻子抱怨或孩子表现不佳时，他就会发脾气。

在女儿小雨的眼里，他的确既不是一个好脾气的爸爸，又不是一个热爱工作的医生。

在进行深刻的自我反思后，爸爸敞开心扉，和小雨谈了这些，并对她表达了自己深深的歉意。

正巧，那段时间一位亲戚住进了小雨爸爸所在的医院，小雨被迫去医院陪床看望。

当小雨亲眼看见爸爸的工作状态，他对病人的耐心和负责，对工作的细致和热情，她大受触动。她没有想到在病人的眼里，爸爸像救世主一样，是发光的。

妈妈也做了调整，不再向孩子抱怨自己的丈夫，更多地引导孩子看到爸爸可贵的一面。

父母改变了相互给差评的模式，既然两个人过了二十年了，肯定有相互欣赏、相互吸引的地方，为什么不能让这些重新发光发热呢？

当父母更多地传递出正能量，孩子就能够感受到这些正能量的引领和带动，小雨的状态也就越来越好了。

---------------| 本章小结 |---------------

- 家庭是孩子的小宇宙。在"生病"的家庭里，孩子最容易成为"背锅侠"。
- 一个家庭是有温度的，父母要改变家庭氛围，提高爱的温度。
- 不同的家庭问题，解锁钥匙不同：父母经常吵架，求同存异是解药；隔代养育问题，先感恩再划界；二孩问题，平等对待是关键；丧偶式育儿的家庭，爸爸回归，承担父亲的职责。

- 父母要做孩子的榜样，让孩子看见自己对工作和生活的热爱。

互动练习5

找到解锁家庭问题的钥匙

（1）你的家庭存在哪些问题？

家庭氛围差□　夫妻争吵多□　二孩问题□

家庭温度低□　亲子关系差□　隔代养育理念不一致□

丧偶式育儿□　父母活成孩子的"反面教材"□

其他问题：＿＿＿＿＿＿＿＿＿＿＿＿＿＿＿＿＿＿＿＿

（2）你家的解锁钥匙有哪些？

停止争吵□　安排家庭时光□　和孩子聊天□

改善亲子关系□　求同存异□　先感恩再划界□

平等对待二孩□　爸爸回归□　做孩子的榜样□

改变家庭氛围□　共同承担□

其他方法：＿＿＿＿＿＿＿＿＿＿＿＿＿＿＿＿＿＿＿＿

第六章 一个突出问题：网瘾管控，
提高孩子自控力

1 手机是厌学的罪魁祸首吗

　　网络和手机的过度使用在厌学的孩子里非常普遍。孩子在放下书本的同时拿起手机，离开学校的同时钻进虚拟世界。不少孩子沉溺在网络里，把现实生活中的一切，学习、社交甚至身体健康都抛诸脑后。

　　不少家长认为，网瘾是厌学的罪魁祸首，孩子因为迷恋手机和上网，才厌学的。那么，手机是厌学的罪魁祸首吗？

　　一位家长向我求助："孩子厌学，不想学习，不去学校，整天在自己的房间里上网打游戏，日夜颠倒，不出房门，不跟父母说话，也不愿意去医院或者找心理咨询师，怎么办？"

　　孩子的状态很封闭很糟糕，完全沉溺在网络世界里。一般来说，在这样的情况下，我会建议父母先预约家长的心理咨询。父母先改变，然后带动孩子去改变。

　　这位家长不理解，孩子厌学，为什么自己要去做心理咨询？

　　要解释这个问题，我们不妨想一想，孩子为什么不出房间，完全沉溺在手机里？只是因为看手机玩游戏很有意思吗？

这是一个原因，但不是问题的全部。

孩子沉迷手机，我觉得有三个方面的原因：

1. 手机和游戏轻松有趣。
2. 跟孩子的状态有关系，孩子内心需要它。
3. 生活中没有其他的轻松有趣的事来替代手机。

手机和游戏轻松有趣自不必说，我们自己也有体验。咱们来说说后面两个原因。

（1）手机和游戏成为孩子的避风港

当一个孩子在学校中受挫，不管是学习上的问题，还是人际关系上的问题，他都没有办法去应对。人在受挫的时候就会本能地往后退。孩子就会退回到家中。

当在家庭里孩子依然受挫，得不到父母的理解和支持时，指责和批评会让孩子像一只乌龟一样，继续蜷缩起来往后退，退回到自己的房间里。

想想孩子这个时候内心是一种什么样的状态？

受伤、难过、紧张、受挫、自卑、纠结、害怕……孩子心里有这么多负面情绪，却依然得不到父母的帮助，怎么办呢？

这时候，孩子发现手机和网络可以让他放松，让他暂时忘掉心中的不快，甚至可以让他体验到胜利、优越的感觉，还可以交到有共同兴趣的朋友。

现实生活中得不到的东西竟然可以在虚拟世界里得到！

这时候，网络就充当了孩子的避风港，成为孩子情感上的抚慰和依托。

（2）孩子的生活太无趣

在一次咨询中，我问一个孩子："做什么事能让你感觉放松和开心？"

他说："玩游戏。"

"除了这个呢？"我问。

他说："没有了。"

如果生活中只有一个选择，我们就会不断重复这个选择。孩子的世界里只有手机可以带来快乐，他就自然而然会沉溺其中。

很多家长说：现在的孩子多幸福啊，他们什么都有。

什么都有是真的，幸不幸福真不好说。

从物质上来说，现在是前所未有的丰富；但从心理和精神层面上来说，现在的孩子太不幸了！压力永远很大，自由几乎没有；生活非常单一，十几年如一日，上学、写作业、上辅导班；和大自然几乎脱轨，同龄社交很受限制。

我有时候觉得，现在的孩子就像带着一个金锁链一样，贵是真贵，可又累又不自在。

2 如何判断孩子是否网络成瘾

　　孩子想在手机中获得快乐和放松，可手机带来的远远超过这些。现在世界卫生组织已经将网络成瘾列入精神疾病的范畴。统计数据表明，我国青少年过度依赖网络的发病率接近10%。

　　来看看《精神障碍诊断与统计手册》第五版（DSM-5）中建议的网络游戏障碍诊断标准："持续地、反复地使用网络来参与游戏，经常与其他人一起游戏，导致临床显著的损害或痛苦，在12个月内表现为下述标准中的5个（或更多）。"

　　（1）沉溺于网络游戏（总想着先前的游戏活动或预期玩下一个游戏，网络游戏成为日常生活中的主要活动）。

　　（2）当网络游戏被停止后出现戒断症状（这些症状通常表现为烦躁、焦虑或悲伤，但没有药物戒断的躯体体征）。

　　（3）耐受，需要花费逐渐增加的时间来参与网络游戏。

　　（4）不成功地试图控制自己参与网络游戏。

　　（5）除了网络游戏外，对先前的爱好和娱乐失去兴趣。

　　（6）尽管有心理社会问题，仍然继续过度使用网络游戏。

　　（7）就上网时长、内容等，欺骗家庭成员或他人。

　　（8）使用网络游戏来逃避或缓解负性心境（如无助感、内疚、焦虑）。

　　（9）由于参与网络游戏，损害或失去重要的关系、工作、教育或职业机会。

可以看到，网络成瘾的诊断中，主要有两个方面：一个是程度，一个是时间。需要持续 12 个月以上，至少出现以上标准中的 5 条才符合网瘾的诊断。

一般来说，持续这么长的时间，网瘾对孩子的身体健康和正常生活都会造成很大影响。

需要注意的是：

- 在厌学的孩子里，很多孩子会过度使用手机，但并没有达到网络成瘾的程度。他们更多是一种逃避现实的暂时性的行为。
- 虽然有这样一个诊断标准，但网络成瘾绝不应该被简单定义为一种疾病。

很多专家都表示，"青少年过度使用网络往往伴随着其他问题，涉及家庭、学校和孩子自身，问题的改善和解决需要多方共同努力"。

3 孩子过度使用手机怎么管

（1）两种错误的方法：粗暴断网、妥协放任

对于手机和成瘾的问题上，父母容易有两种操作：

一种是对孩子的上网态度明确，坚决不认可，主张收手机、断网。父母可能会粗暴地没收孩子手机，不惜和孩子发生冲突。

另一种是瞻前顾后，含含糊糊，态度不明确，想让孩子开心，又不希望发生家庭冲突。父母常常会好言好语规劝，希望孩子能够管好自己。

这两种方法效果都不好。

第一种情况，父母会和孩子发生很大的冲突。粗暴地管理不仅管不住孩子，还会让亲子关系恶化。

这种方法刚开始对有些孩子可能会有一点效果，但治标不治本。时间一长，恐怕连标也治不了。

父母强制没收手机常常会引发家庭冲突，甚至产生肢体冲突，有些孩子会离家出走。网络上也有爸爸没收手机后孩子要跳楼的视频。

第二种情况常常会陷入扯皮，父母希望孩子自律，但希望一次次落空，无效又无力。

你不会做饭，我相信你能够做出一桌子美味，这种相信没有用。当孩子缺乏自我管理的能力时，只是相信孩子就像空中楼阁。

孩子表面上答应得很好，但行动跟不上。父母认为孩子不愿意做，其实主要还是因为孩子没有发展出自律能力。几次扯皮之后，孩子就彻底不把父母的规劝放在眼里了。

（2）两种正确的方法：曲线管控、两只手的平衡

对待网络成瘾，要么控制要么相信，要么粗暴要么放任，不是这个就是那个，非此即彼，绝对化的处理方法效果都不好。

怎么办呢？要采用迂回和折中平衡的处理方法。具体来说，就是曲线管控和两只手的平衡。

- 曲线管控

你上网我断网，你玩手机我指责批评，这是直来直去，是直线管控。

曲线管控是什么呢？

曲线管控不是盯着行为做工作，不是盯着手机谈手机，而是绕一个圈，去看行为背后的原因，弄清楚孩子为什么沉迷手机。

找到孩子行为背后的原因，把原因解决掉，这个行为自然也就瓦解了。

前面我们说了，孩子之所以沉迷网络是有原因的，原因就是在学校里受挫，可能是学习上的问题，也可能是人际关系上的问题。总之，孩子往外探索遇到了困难，被卡住了，才不得不退到家中。

父母不理解孩子，指责和批评会让孩子进一步受挫。现实生活中的一切都不如意，孩子一步步往后退，最后钻进了网络的虚拟世界里。

学校中的困难是孩子往后退的产生因素，家庭不理解、帮不上忙是厌学的维持因素。孩子退到网络世界的前因后果非常重要，我们得循着源头回溯。

父母要先把亲子关系和家庭关系搞好，第一步先让孩子从网络世界中回到家庭生活中，第二步父母再帮着孩子一步步回到学校。

孩子由学校退到网络的路径：退出学校到家庭——退出家庭到手机——沉迷手机。

帮助孩子回到学校的路径：沉迷手机——先回到家庭——再回到学校。

所以，干预孩子的第一步不是让他放下手机去学习，而是放下手机回到家庭互动中。我们得先让孩子从虚拟的网络世界回到现实的家庭生活中。在家庭中稳定下来，充足了电，做好了足够的准备，才能去学校解决困难。

这是一个先在家庭中充电、再去学校放电的过程。

父母粗暴不理解，冷漠无趣无聊，亲子关系差，家庭氛围差，这些都是父母和家庭需要调整的重点。

当我们把这些原因调整和改善了，孩子就会从手机里走出来，回到现实里与父母的家庭互动中，为下一步回到学校做好准备。

● 两只手都平衡

孩子要爱，也要管。养孩子很像放风筝，光收不行，光放也不行。你得根据风筝的状态，收收放放。管理手机也是这样。

其实，帮助孩子养成所有的好习惯都得这样，该夸孩子的时候，就得夸，这就好比"放"。该提点教育的时候，就得去沟通、去建议，这就好比"收"。

在亲子关系中，爱孩子的手和管孩子的手要相互配合，两只手要平衡，既能收又能放。

具体来说，当孩子状态很差，内心负面情绪很多，不想出门、没动力的时候，你要多伸爱孩子的手，给孩子安抚和力量。

这时要多放少收，少伸或者不伸管孩子的手，先得让孩子能量顺畅，有动力飞起来。

当孩子的动力起来了，亲子关系好了，此时孩子可能仍然不想学习，但他闲不住了，想干喜欢的事，很多孩子开始跳舞、唱歌、做手工、烘焙等。

这个时候，就要爱孩子的手和管孩子的手同时上场了，边收边放，又爱又管，让孩子既能够蓄养动力，又能够把这个能量用在自我成长上。

（3）案例展示：过度使用网络不等于网瘾

晓刚15岁，初三上学期开始不愿意上学，父母带孩子去医院，被诊断为中度抑郁、中度焦虑。

晓刚休学后，不愿意吃药，也不进行心理咨询，在家里天天上网打游戏。父母非常焦虑，既焦虑中考，又担心孩子抑郁加重。

父母让晓刚少看手机，为中考打算打算。结果晓刚在家里大发脾气，又哭又闹，控诉父母不理解自己。父母吓坏了，赶紧预约了家长咨询。

因为晓刚拒绝做心理咨询，跟父母也不沟通，我们无从知晓他的困难是什么。父母隐隐约约觉得可能是因为同学之间的关系。

初二下学期，晓刚曾经跟他们说同学欺负他，当时父母认为那只是男孩之间正常的矛盾，认为晓刚自己也有问题，他们还劝孩子不要把别人想那么坏。那之后，就没有听晓刚再说起这件事了。

厌学的原因不清晰，但是很显然，目前晓刚处于抑郁状态。这种状态下，我建议父母先不要管控孩子手机问题，缓解孩子的抑郁状态更重要。

如果孩子已经有网络过度使用的问题，当孩子处于抑郁发作状态时，我们要先以稳定孩子情绪、缓解抑郁状态为主。等孩子抑郁状态缓解了，由中度或重度抑郁到了轻度或者情绪稳定状态后，再去解决厌学问题。

晓刚父母很认同，孩子的身体健康和生命安全肯定比学习更重要。父母放下对中考的焦虑，开始去理解和关心孩子。

父母在家里不再谈学习、谈中考，而是去关心孩子，"你今天想吃点什么"，"你愿意出去走走吗"。在这个过程中，晓刚爸爸非常有担当，他放下很多工作去陪伴孩子，支持爱人。

当父母表达了更多理解而不是指责，晓刚开始慢慢放松下来。他愿意走出房间，在客厅里待着，也愿意和父母吃饭聊天了。

在交流的过程中，父母知道了孩子厌学的原因——和同学打架，被老师批评。

这一次，父母没有否定孩子的感受，而是详细了解了前因后果。孩子一直被同学辱骂，他忍了很久，实在忍不住了，把同学打了。老师没有指责那个同学，而是批评了他，因为他先动手的。晓刚认为老师不公平。

晓刚想好好学习，但一走进学校，一看见老师和同学就胸闷、心慌，又生气又难过。

了解了事情原委，晓刚的父母非常难过。孩子在学校里受了委屈，回到家里父母还不理解，一味地指责孩子，难怪孩子不想跟他们说话呢。

父母很快和学校老师沟通了情况，老师调整了之前的处理方式，晓刚又回到了学校。

很多孩子在学校里或者学习上受挫，回到家里心里烦躁，不想学习，会有很多时间在看视频、玩游戏。家长认为孩子这是网络成瘾。但实际上，大多数孩子看手机、玩游戏并不是网瘾，而是逃避现实中的困难和情感上的痛苦。孩子不知道怎么解决这些问题，也不知道向谁求助。如果父母能够提供理解、关心和支持，其实孩子很快就会从手机中走出来。可如果父母提供的是误解、指责和批评，孩子就会在手机中越陷越深。

（4）不让玩手机，孩子会不会抑郁

有的家长认为：孩子厌学了，又焦虑又抑郁，情绪这么差，既然通过看手机、玩游戏能够快乐一点，就让孩子玩呗。只要他们快乐一点，不抑郁就行了。

父母担心孩子状态不好，这一点我特别理解，但毫无限制地让孩子玩手机这个做法有待商榷。

手机能不能玩？当然能。

游戏能不能玩？当然也能。

我不反对孩子使用手机，玩游戏也是可以的，但不能一天到晚地看手机、玩游戏，过度使用手机对孩子的身心健康不利。

任何事情都有一个度，脱离数量和程度去讨论都会有失偏颇。

比如，肉蛋奶营养很高，可过度食用就不行，不仅不会有利于身体健康，反而还有害。

手机也一样，我不反对孩子使用手机。我每天也有很多时间花在网络上。现在有很多的心理咨询是通过网络进行的，很多家长课程也是通过网络进行授课的。

手机不是坏东西，网络是科技进步的产物。在网络上可以获取很多有价值的信息，还可以通过网络去交流去工作。手机可以娱乐，还可以用来交流、购物、订餐、导航……手机和网络已经完

全融入我们的日常生活中。孩子生活在信息社会里，不可能不使用手机。

但手机再好，也只是工具。

网络再无所不能，也不是全部生活，更不应该是一个孩子的全部。

我不反对孩子使用手机，但过度使用、使用不当，就会弊大于利。

孩子是未成年人，大脑处于成长发育的关键阶段，过度使用手机，不加选择和过滤，日夜颠倒地玩游戏，不仅影响学习和生活，更影响身体健康。

很多家长以为孩子玩游戏可以对抗焦虑和抑郁，这是一种表象。

玩游戏时，孩子的焦虑和抑郁不是消失了，而是暂时被搁置起来了。当他们放下手机时，焦虑和抑郁会卷土重来，甚至更加严重。

在咨询中，我不断跟家长讲，焦虑和抑郁的干预中没有"玩手机"这一项，这个方法只是暂时逃避，不是真正有效的干预方法。

过度使用手机，不仅不利于孩子焦虑和抑郁的恢复，反而会让他们的状态变得更差。你想想，就算一个健康的人，整天日夜颠倒，睡眠紊乱，不出门，不社交，不好好吃饭，整天看视频玩游戏，他的身心状态能好吗？

一个健康的人都好不了，何况是一个已经焦虑抑郁、状态很差的孩子呢？

4 网瘾管控三部曲

小鹏，一个读初一的男孩。

爸爸说，只要小鹏拿着手机，整个人都不一样了，"好像吸毒着魔了一样！"

"早上一起来眼睛还没睁开，第一件事就是摸手机，从早到晚不管干什么，手机都不离手，一边吃饭一边看手机，一边上厕所一边看手机，洗澡时旁边都放着手机，就这样一直耗到半夜。"

"孩子这样，你们管吗？"我问。

"管不了啊，妈妈跟他讲道理，一句也听不进去。他还说谎，为自己找各种理由。我曾经强行没收过手机，他像疯了一样，大喊大叫摔东西，还打父母。"

"后来呢？"我问。

"手机又给他了。没办法，他闹得厉害，不上学，躺在地上，跟我们说：'给我手机我就上学'。给他手机，他去了一天，又不去了。"

"这样的状态持续多久了？"我问。

"得一两年了，从疫情就开始了，那时候不用去学校，没太在意。"爸爸回忆。

大部分厌学的孩子会有一段时间过度使用手机，但不会达到网络成瘾的程度。当父母和家庭做出调整，手机的问题就会自动缓解，当孩子回到学校，使用手机的时间会越来越少。

但也有少部分孩子，像小鹏一样，玩游戏持续时间很长，程度很深，对生活造成了严重影响。小鹏上网已经达到了网瘾的程度，这种情况该如何干预呢？

网瘾管控要分三步走：事先筹备—告知表态—拉锯管控。

（1）事先筹备

事先筹备阶段常常被家长忽视。它是非常重要的，准备不充分，后面就会有一堆困难。家长一定要重视这个阶段。

需要做哪些准备呢？

• 确认孩子不是处于抑郁和危机状态

管控网瘾前，要确保孩子状态稳定，情绪平和，不处于抑郁、危机等非正常状态。

我非常建议家长在医生和心理咨询师的配合下管控手机，这样可以相对准确地评估孩子的状态，同时可以获得支持和帮助。

• 父母情绪稳定，确保不会和孩子纠缠，发生冲突

管控网瘾一定会有大大小小的矛盾和冲突，孩子的情绪会像过山车一样，变化很快，也很剧烈。这时候父母得有"宰相肚里能撑船"的稳定感。

父母情绪不稳定，就做不了"定海神针"。

• 亲子关系要好，有弹性，能沟通

管控网瘾需要和孩子谈判、合作，父母和孩子的关系要能够经得起折腾。矛盾和冲突是对关系的考验。

在处理网瘾问题之前，父母要把亲子关系建设好，至少要能沟通，有弹性，保证孩子对父母有信任感。

- **父母双方意见一致，能够合作**

青春期的孩子一旦折腾起来，经常天翻地覆，一个人很难管得住，需要父母协作配合。

父母要观点一致，步调一致。如果父母观点相左，要先把内部问题协商好，不要急着管孩子。

- **父母要做好心理准备**

这是一场艰难的战役，你的对手不是孩子，而是网瘾。

和所有成瘾问题一样，戒瘾会有很多反应，孩子可能会有很多过激的言行。这不是孩子不爱你，而是因为戒瘾就是这么艰难。这些非常考验父母的心理承受力和处理具体问题的能力，要做好足够的心理准备。

如果父母胆怯，内心不坚定，没有勇气，就不要轻易开始。如果你坚持不下来，孩子以后会更难管理。

- **做必要的现实准备**

父母要有足够的时间和精力，提前讨论好管控的方法和各种可能性。

家里如果有老人和病人，建议先回避一下。所有的危险因素都要排除，比如家里要安装防护窗，孩子有多少钱父母要清楚，刀具、药品和危险品都要收起来，等等。

（2）告知表态

很多父母没收手机或者断网，经常是突发性的，临时性的。一回家看见孩子上网，心里生气，就带着愤怒去没收孩子手机。这样的状态很容易激化矛盾，让孩子对父母产生敌意，亲子关系会进一步恶化。

管控孩子使用手机，一定要提前跟孩子告知表态。

管理手机不是单纯的控制，要和孩子做好提前沟通，做好情感联结。

管控手机不是因为父母愤怒，对孩子不满，而恰恰是因为对孩子有深深的爱和责任感，是一种负责任的表现。

不管孩子听不听，接不接受，父母都要一遍遍把这些提前告知孩子，要讲清楚。

一般来说，对于有网瘾的孩子，告知不会有效果。孩子不可能因为父母告知而放下手机。

告知是一种尊重的姿态，这件事孩子是主角，要让孩子知道这件事，心理有准备。

我们想让孩子放弃不良嗜好，父母就要做好的示范。父母以尊重、合作的方式对待孩子，就是在教孩子与人互动的正确方式。

经过讨论，小鹏的父母准备了一份告知。他们手写了一份，放在孩子的电脑旁。并且，父母还口头向孩子传达了这份告知：

儿子，看到你白天晚上都在玩游戏，爸爸妈妈很担心你的身体健康。

我们认为这样下去不行，手机可以用，但不能玩这么长时间，特别是不能通宵玩。我们希望你能够调整和改变。

我们希望每天晚上 9:00 你能放下手机。你可以做自己喜欢的事情，但不能用手机，不能玩游戏。

下周前，如果你还是目前这个状态，爸爸妈妈决定暂时收掉你的手机，直到你生活作息恢复正常为止。

需要注意：

- 告知表态不是协商，只是通知和表态。孩子如何回应并不重要，重要的是让孩子提前知道这件事。
- 这个阶段可以多次告知，如一周三次告知表态，这既是确保孩子知道，也是在传达父母坚定的态度。

（3）拉锯管控

拉锯管控阶段非常磨人，这是管控网瘾中最艰难的阶段，也是一个综合考验的阶段，是对父母个人、亲子关系、家庭合作的一次"会考"。

根据孩子和家庭的情况，这个阶段或长或短，只要父母坚持下来，就会迎来孩子改变的曙光。

根据孩子的反应，拉锯管控阶段可以分为三个小阶段：

• 孩子暴怒、冲动，试图冲破底线

父母一旦断网或是没收了孩子手机，家庭就会炸开锅。孩子会像潮水一样，带着满腔愤怒冲过来。父母要像堤坝一样，坚定又不带任何攻击性地守住底线。

孩子会用各种各样的方法试图冲破底线，挑战家长，发脾气，摔东西，威胁父母，要离家走出，要死要活。

这个时候对父母来说可能是最难的时候。

父母要情绪稳定，不要和孩子发生冲突，更不能打骂孩子。

家里要提前做好防护，确保孩子安全。尽量在家里闹，别让孩子跑出去。如果孩子跑出去，父母一定要跟着确保安全。

当孩子情绪冲动时，父母要多包容，多接纳，多安抚，帮助孩子平复情绪。

父母接纳孩子的情绪，态度柔和，学会以柔克刚。同时，不要做出手机使用上的妥协，要坚定地守住底线。

当小鹏发脾气大闹的时候，妈妈不断温柔地安抚孩子，告诉孩子："儿子，你生气，妈妈很理解。你可以生气，也可以闹，但是为了你的健康，手机现在不能给你。"

• 孩子无聊、烦躁，试图讨价还价

只要父母能够守住底线，孩子心里就会明白，在手机使用上父母态度坚定，不会轻易后退。在父母的安抚下，孩子的情绪会慢慢平静下来。

从日夜颠倒地玩游戏到手里没有手机，这种变化非常大，孩子会有很多戒网后的情绪反应，比如无聊、烦躁、不安等。

父母要接纳孩子的情绪和状态，态度温和，同时守住底线。

孩子可能会用各种话刺激父母，比如"你们不爱我""不给手机就不学习"。父母一定要明白，纵容不是爱。此时让步不是因为爱，而是因为怕。如果网瘾控制不了，孩子的学习和未来就是空谈。

在孩子成瘾状态下，父母坚守住底线就是真正地爱孩子。要不

断地向孩子灌输这种观念，表达父母对孩子的关心和爱。

父母可以告诉孩子："以前你一直看手机，现在手里空了，心里也会空落落的。我们能够理解你的烦躁和不安，我们可以做点儿你喜欢的事。"

● 孩子平静接纳，妥协合作

在父母的安抚和坚持下，孩子最终会平静下来。他们会接纳不得不限制手机的决定，并和父母讨价还价。

这时候，父母要和孩子多沟通，讨论出一个双方都能接受的手机使用约定，比如每天什么时间可以看手机，什么时间收手机等。

我建议父母把这个约定落实到纸面上，并且像签合约一样，和孩子一起签字承诺。

和孩子沟通时，要明确给孩子手机的时间。约定中还要明确手机管理的细则，比如到时间了，如果孩子不收手机如何处理，等等。

一旦有了约定，父母就要确保能够按照约定执行。可以有一定的浮动，但总体上还是以履行约定为主。

刚开始孩子执行起来可能有点困难，需要父母在温和又坚定的前提下和孩子来回拉锯。几次以后，孩子才能够习惯执行规则。

注意事项：

● **管控网瘾和学习不是一回事，要分开处理。**学习是学习，上网是上网。即使不好好学习，孩子也不能陷入网瘾。父母不要和孩子陷入"给我手机，我就学习"的扯皮中，更不要把增加上网时间当作对学习的奖励。

- 拉锯管控的关键是当孩子没有手机时，如何填补孩子的空虚感。家长要多关心孩子，多陪孩子玩，安排有趣的事情，和孩子增加一些良性互动，如组织家庭聚会，给孩子买礼物等。

- 在网络管控的整个过程中，父母要保持温和接纳的态度。家长要有定力，即使发火，也不能失态。用理性面对，不要指责孩子，不要上纲上线，不能否定和打击孩子这个人。要温和而坚定，始终用接纳的态度面对孩子。

- 父母要有耐心，抱着接纳的态度看待协商和妥协。对于上网时间等安排，要和孩子协商，不要把目标定得过高，导致孩子无法完成。网瘾管控要一步步来，循序渐进。在螺旋式的上升过程中，进一步退半步是正常的。

微小的进步也是进步，父母不要贪快，要一点点巩固住成果，让孩子养成新习惯。

本章小结

- 孩子沉迷手机，父母不能只关注外在表现。核心问题是孩子情感的匮乏、痛苦和无力。

- 很多厌学的孩子会过度使用手机，但并没有达到网络成瘾的程度。

- 解决网瘾不能只限制使用手机，要采用"曲线管控"和"两只手都平衡"的方法。

- 网瘾管控三部曲：事先筹备—告知表态—拉锯管控。在整个过程中，父母要保持温和接纳的态度。

● 网瘾管控的关键是孩子没有手机时，用什么来填补空虚感。父母要关心孩子，多安排有趣的事情。

互动练习 6

拟定手机使用规则

（1）和孩子讨论手机带来的好处和坏处。

手机带来的好处：

娱乐☐　　放松☐　　学习☐　　开阔视野☐　　兴奋感☐

联络☐　　交友☐　　归属感☐　　价值感☐　　上网课☐

购物☐　　点餐☐　　打车☐　　听音乐☐　　方便☐

逃避痛苦☐

其他：_____

手机带来的坏处：

易拖延☐　　浪费时间☐　　睡太晚☐　　影响视力☐

生活狭窄☐　　专注力下降☐　　没耐心☐　　压力累积☐

头疼☐　　颈椎腰椎疼☐　　体态差☐　　变胖☐　　社交少☐

花钱☐　　情绪不好☐　　运动少☐　　网暴☐　　现实社交少☐

生活隔离☐　　现实困难累积☐

其他：_____

（2）拟定手机使用时间。

周一至周五，每天使用手机＿＿分钟，起止时间：_____

周六周日，每天使用手机＿＿分钟，起止时间：_____

3

厌学的孩子

第三部分

解决产生因素，
掐断厌学源头

第七章　调动孩子内驱力，从"不想学" 到"我要学"

1 关键的内驱力

还有三个月就要中考了，瑶瑶却不愿意去学校。

瑶瑶告诉妈妈，"越来越讨厌现在的学校，老师不好，同学也差。在学校里感觉很难受，浑身不舒服"。

妈妈希望瑶瑶能够坚持上学，可瑶瑶想在家里学习。

瑶瑶在家里一觉睡到中午，起床后这里摸摸那里摸摸，一直拖延磨蹭，不看书也不写作业。妈妈很焦虑，对瑶瑶说："马上就要中考了，你还想不想考个好学校？"

瑶瑶一脸无所谓地说："好学校谁都想上，但不是所有人都能考上啊。我无所谓，怎么都能活，怎么都行。"

妈妈很无力："我真无法理解，马上中考了，为什么孩子不着急？学习这么重要，为什么不努力呢？"

（1）内驱力和外驱力

"因为学习很重要，所以应该好好学"——这个逻辑似乎天经地义，没什么可讲的。我们就从这个"天经地义"的逻辑开始讲起吧。

行动的背后是驱力，驱力也就是动力，有动力才有行为。孩子不想学习，不是不知道学习有多么重要，而是没有学习动力。

有家长会问："考不上高中和大学，找不到工作，还不是动力吗？"

对，这也算动力，但其实更像压力。这不是孩子的内驱力，而是外驱力。外驱力可以推动孩子去学习，但这种驱力的作用有限，不能够保证孩子一直向前。

• 内驱力

内驱力是孩子内在的、自主的、基于兴趣、乐趣和价值感的动机，是自我驱动力。

比如，孩子感觉学习好玩有趣，学校快乐充实，既能满足好奇心和求知欲，又能感觉到自信、有能力、有意义、有价值，现在很美好，未来也很有希望，孩子就会有蓬勃的内驱力。

• 外驱力

外驱力是外部驱动。动力来自外部，不是孩子自己想做，而是被推动、被裹挟，基于奖励和惩罚的动机去做。

追求奖励的动机，就是我们常说的"驴子眼前的胡萝卜"。比如：考上好学校，家长表扬，老师夸赞，赚更多钱，有社会地位等。

躲避惩罚的动机，更像"胡萝卜加大棒"中的"大棒"。

虽然叫动力，其实它们是压力。我们常说的"把压力转化成动力"指的就是这部分。比如：不让父母失望，害怕被惩罚被指责，担心被嘲笑、被别人看不起等。

（2）"天使引路"还是"魔鬼追赶"

内驱力像"天使引路"，外驱力则像被"魔鬼追赶"。

当孩子对知识有好奇，内心有目标、有理想，愿意掌握更多知识，充分享受学习带来的快乐时，学习带给孩子的都是积极正向的感受。孩子就像与天使为伴，内心是愉悦的、快乐的、幸福的。

如果孩子没有内驱力，因为害怕考不上大学、找不到工作、无法谋生而学习，孩子就像被魔鬼追赶，内心一直充满恐惧。他不是自己想跑，而是因为害怕不得不跑。

想一想，你家孩子是由"天使引路"，还是在被"魔鬼追赶"呢?

内驱力和外驱力都可以促发行动。

不管孩子是主动想学还是被动不得不学，表面看上去，他们都是在学习。在短时间内，也许差异不大。但是，孩子内心的感受大不一样。只要时间一长，压力一大，难度一高，孩子的状态会立见分晓。

内驱 = 发电 + 耗电

外驱 = 耗电

有内驱力的孩子动力足，持续性强。他们自己就是一台发电机，自身就可以产生动力。他们的模式是"发电 + 耗电"。

学习本身就是在充电，孩子可以边学习边充电。

孩子像一台永动机，不怕打持久战，也不怕遭遇困难，越跑电量越足。

只有外驱力的孩子，动力全部来自外部。孩子自己不能发电，只能是"通电＋耗电"模式。

一旦外部的电量传输不上来，他就会慢慢耗竭，直到停止运行。

而且，当孩子学习是为了躲避惩罚，不被父母和老师指责，害怕找不到工作时，他体验到的全部都是负面情绪，辛苦、紧张、害怕、恐惧，这些担忧和纠结都比学习本身更耗电。在双重耗电下，孩子很容易没电，跑不动了。

（3）为什么孩子小学优秀，初中不愿意学习

咨询时，瑶瑶妈妈表达了自己的困惑："小学时，瑶瑶成绩好，挺优秀的，为什么初中不行了？为什么孩子学习越来越吃力？"

小学成绩不错，初中不想学习了，这种情况常常是因为孩子缺乏内驱力，小学的"优秀"很大一部分是由父母的外驱力推动的。

小学阶段，孩子年龄小，听父母的话，即使自己不太情愿，也能够按照父母的安排去学习。加上小学阶段是基础知识，难点少，内容浅，孩子容易掌握。所以很多孩子在父母的推动和帮助下，看上去成绩还不错。

然而，这只是表面现象。

孩子的优秀，很大一部分是父母的贡献，不是孩子真正的实力。

看上去不错的分数掩盖了学习的本质。孩子内驱力不足，缺乏自主性，不会主动学习，只是被动完成父母的安排，这些不良的学习习惯为初中的学习埋下了隐患。

到了初中，孩子进入青春期，他们有自己的想法，不再顺从地听话了，这时父母就很难推动了。初中阶段科目多了，知识和难点都多了，对孩子的要求也高了。如果孩子对学习没有内驱力，没有发自内心的好奇、喜欢和期待，再加上学习习惯不好，不推不动，没有自主性，不能自律，就很难持续努力，遇到困难和挑战就很容易后退。

这时父母会感觉孩子"不听话了""推不动了"。父母使劲，孩子跟不上；父母着急，孩子不着急；父母的唠叨、指责和强迫都没有正向的效果了。

2 哪些做法会伤害孩子的学习内驱力

（1）是不是孩子天生不上进

有家长问："都是青春勃发的孩子，为什么有的孩子朝气蓬勃、干劲十足，有的孩子却垂头丧气、被动拖延呢？孩子天生就不同，会不会我家孩子天生就没有内驱力呢？"

对于这一点，我可以向家长保证：每个孩子都有内驱力，就像每个孩子都有生命一样。

所有植物都有向阳的能力，动物也一样，天生就会找吃的，成长和繁衍的本能就是内驱力。

孩子之所以看上去"懒""没想法""不推不动"，不是因为他们天生没有内驱力，而是在后来的家庭养育和学校教育中，孩子的内驱力被无意识地压抑和破坏了。

你可以回想一下，孩子是从什么时候开始拖拖拉拉，不想学习的？一定不会是从一出生就这样吧？

当孩子刚刚入学时，背着小书包，一脸稚嫩，是不是对学校充满期待？是不是很渴望得到老师的表扬？是不是每天都很认真，对老师交代的事情一丝不苟？很多孩子还会因为没能选上班干部，或者没能参加某个比赛而哭鼻子。

孩子都有很强的内驱力，这是孩子的生命力，他们渴望得到父母和老师的认可、表扬，渴望自己能够比别人出色、优秀。

（2）学习动力比学习成绩重要一千倍

为什么孩子都喜欢玩？

因为玩让人开心啊。玩让我们感觉很快乐，很放松，这种感觉太好了，孩子就希望多玩。

同理，为什么孩子不喜欢学习呢？

因为学习不快乐、不开心啊。

我们所有人都是生活在感受中的。感觉快乐，就喜欢，就想多做。感觉糟糕，就讨厌，不喜欢，希望远离它。

那为什么学习让孩子不开心呢？

很多家长会从学习本身找原因：学习累、动脑子辛苦……我觉得这些都不是真正的原因，很多游戏和比赛都很累，孩子照样喜欢。

为什么孩子没有内驱力？归根结底就是一句话——学习的体验

太差了，学习这件事让孩子不开心，很难受。

我们常常说人是生活在现实中的，这没错，但实际上，人更是生活在自己的感受中的。小孩子更是感性。如果学习这件事让他们不舒服，他们不可能发自内心地喜欢做。

"要像保护眼睛一样，保护孩子的学习动力。"我常常念叨这句话。希望所有的父母能够认识到：孩子的学习动力比学习成绩重要一千倍！

（3）孩子的内驱力哪儿去了

没有父母愿意主动破坏孩子的内驱力，但生活中，我们的很多做法就是买椟还珠——为了眼前"优秀"的成绩，忽视了孩子的感受。

"不管喜不喜欢，你都应该好好学习""别找借口，难受也得学啊"。

重视成绩，忽视感受。结果就是孩子在学习上的体验感很差，缺少快乐、积极的体验，更多的是疲劳、压抑、挫败、紧张、难过等这些负面的情绪感受。时间长了，孩子自然也就不喜欢学习了。

孩子的学习兴趣和动力需要父母小心呵护，一味地追求成绩，会破坏孩子的内驱力。

• 孩子的时间被安排得太满

女儿上小学时，有一次，我邀请她和小闺蜜一起吃饭，两个小姑娘叽叽喳喳谈论学校的事。

女儿问："你喜欢哪门课？"

小闺蜜一撇嘴说："哪个我都不喜欢。"

"科学课很有意思，我喜欢音乐课，语文也不错……"女儿说。

"哎呀累死了，晚上还有英语课，我妈说英语要是考得好就带我去迪士尼……"小闺蜜说。

回家以后，女儿告诉我："妈妈，她好可怜呀。每天她都要上好多课，可没有一门是自己喜欢的。"

上班是朝九晚五，孩子学习比上班时间还长。没有公司会在早上七点多就上班，孩子却从幼儿园就开始这样了。在学校学习一整天后，刚放学直接被送到课外班，一直到晚上吃饭。饭后有的孩子还有课。周六周日也不能浪费，从早到晚无缝衔接。

这样的生活成年人都很难消化，何况孩子。

孩子忙，父母更忙。一些妈妈不仅要安排好孩子从早到晚的学习，还要包办孩子的吃喝拉撒，检查作业，监督学习，和老师沟通，还要赚钱养家，做家务，照顾老二……这样的妈妈整天疲于应付，身体和内心都处于耗竭状态，如何给到孩子爱的滋养呢？

● **强制孩子做"应该做"的事**

一次，我问一个来咨询的孩子："你这么多课，是和妈妈讨论以后报的吗？"

孩子瞪大眼睛看着我，迟疑了好几秒："……不可能，我妈报课从来不问我。"

我很惊讶："这么多课，从来不商量吗？"

孩子摇摇头说："从小到大，没有商量过一次。妈妈认为应该学，我就得学。"

孩子不想学奥数，家长认为"很有用""应该学"，孩子就得去学。

孩子想学跳舞，家长认为"浪费时间""学这个没用"，孩子就没法学。

父母的安排总盯着中考、高考，看不见孩子。所谓的"有用"不是对孩子的身心成长有用，而是对考试有用。

有些父母经常对孩子说："我不管你愿不愿意，喜不喜欢，你必须……你应该……别找理由。"

"不管愿不愿意""不想干也得干"，就是忽视孩子的感受和想法，一味地追求和强调外部要求，这些都是外驱力，而且是最糟糕的"大棒"和"魔鬼"式的驱赶，这些做法会让孩子的内驱力持续地被否定、被打压。

- ● 枯燥乏味，学习的体验太差

我曾经看到过一则新闻，福建厦门某学校的一个音乐老师用新颖的方式授课，得到孩子们的热烈欢迎。

这个老师是怎么做的呢？

一开始她给孩子们上音乐课，按照旋律、音符教孩子，一句句练习，孩子都没有兴趣。

后来她改进了教学方法，歌曲全部都是现在最流行的，上课形式不拘一格，学生可站可坐，可以加手势，可以加舞蹈，愿意怎么表现都行。

课堂气氛一下子就起来了。孩子们跟着音乐又唱又跳，完全沉浸其中。

哪有孩子不爱学习啊？如果学习不是为了考试，如果老师给予更多鼓励和认可，如果学习的方式更灵活，内容更有吸引力，孩子们还会厌学吗？

然而，更多的学校不会如此。学习就是为了考试，"分分分，学生的命根儿"。听课、背书、刷题，周周考试，月月摸底，老师批评，家长指责，同伴竞争，这是大多数孩子的日常。

没有轻松，没有快乐，只有高强度的学习，伴随紧张、焦虑、挫败、疲倦、乏味……日复一日，孩子对学习的好奇、喜欢和期待慢慢就被消磨没了。

这就形成了一个负向的循环：学习难受——动力不足——父母强推——不得不学——学习更难受——厌学回避。

3 怎样让孩子从"不想学"到"我要学"

如何唤醒孩子的内驱力，让孩子由"不想学"变成"我要学"呢？

基本的思路就是跟内驱力的丧失过程反着来。

当我们强化外驱力，用高标准、严要求、差体验去否定孩子的自主性时，孩子的内驱力就被慢慢破坏了。

想帮助孩子恢复内驱力，就要弱化外驱力，强化孩子的自主感，让孩子有兴趣、能掌控，有积极正向的学习体验。

我把这些称为内驱力的"柴火"，只有猛加"柴火"，才能把孩子的内驱力的"心火"重新点燃。

（1）"为自己而学"和"为他人而学"

有一次，一个孩子问我："既然学习是孩子自己的事儿，为什么我自己说了不算呢？"

我哑口无言，觉得这个孩子说得很有道理。

孩子的生活是谁做主呢？

父母嘴上说希望孩子自己的事自己做，但是从早上起床到晚上睡觉，从写作业到上辅导班，着急上火的都是父母。嘴上说希望孩子做主，但十几年如一日都是父母在做主。

这个孩子告诉我，父母很"双标"，明明在生活中，孩子处处都得听父母的，可到了训孩子的时候，就成了自己的事应该自己负责。

美国心理学家爱德华·德西和理查德·莱恩在 20 世纪 80 年代提出了"自我决定论"。他们将人类的行为分为两种：自我决定行为和非自我决定行为。

自我决定行为就是由自我驱动产生的行为。

非自我决定行为就是由外部驱动产生的行为。

两位心理学家发现：当一个人可以自己选择采取某项活动，而不是需要完成某个外部目的的时候，同样的活动更可能激发兴趣或者更快乐。

也就是说，我们都更喜欢自己决定自己的行为，而不是由外界来决定我们的行为。

比如，两个人阅读同一本书，自己选择来阅读这本书的人会读得津津有味，而为了完成作业必须阅读的人则体验不到这份快乐，更容易敷衍了事。

这就是"为自己而学"和"为他人而学"的区别。

（2）把方向盘还给孩子

两位心理学家认为，增强内部动机需要满足**三种基本的心理需要：自主需要、胜任需要和归属需要**。通过支持这三种需要，可以促进外部动机的内化，保证孩子内驱力充足，身心健康成长。

在培养内在动机的这三个要素中，自主需要是最重要的。要想调动孩子的内驱力，最重要的一点就是满足孩子的自主需要。

那么什么是自主需要呢？

自主需要就是自己的事情自己做主，孩子对自己生活有掌控感。

如果把孩子的生活比喻成一辆车，孩子应该是驾驶员，父母则是乘车人。孩子只有坐在开车的位置上，才能学会开车。同理，孩子的学习也需要他自己去掌控。

如果父母总坐在方向盘前面，孩子坐在后面，事不关己高高挂起，孩子在"不做主"的位置上不可能干出"做主"的事情来。

人生是孩子的，学习也是孩子的。父母要把方向盘还给孩子，让孩子坐在自己的主位上，才能调动孩子的积极性和主动性。给孩子掌控权，孩子才能走自己的路。

4 如何激发孩子的内驱力

小张同学是一名高一女生，从初三开始，她就感觉上学度日如年。中考没有考上理想的学校，小张更加颓废。高一开学没多久，她就不想去上学了。

给小张做咨询时，我发现她对学业很迷茫很无力。小张认为即使自己努力了，也不会考上好大学。既然考不上，还学什么呢？不如现在就躺平了，何必白白受苦。

小张渐渐对学习失去兴趣，除了拿着手机看视频能够有短暂的快乐，她感觉生活没有任何意义。

小张似乎陷入了一个无望的泥潭。如何帮助她走出厌学呢？

我们得先帮助她点亮一盏灯，一盏希望的心灯。

（1）用兴趣点燃孩子的"心火"

星星之火可以燎原。一个小火苗就可以点燃一片大火，孩子的兴趣就是解决厌学问题的突破口。

想让孩子由"要我做"变成"我要做"，父母首先要发现孩子在哪些方面感兴趣，用兴趣调动孩子的内驱力。有了兴趣这个"1"，我们才能添柴加火，增加后面的"0"。

在咨询中我发现小张很喜欢唱歌，小学时还曾经参加过合唱团。我建议她如果文化课没有优势，不如在其他方面找找突破，有没有可能唱歌是自己的"燃点"？

小张一下子来了兴致，她告诉我她很喜欢唱歌，感觉自己在这方面比别人有悟性，而且大伯家哥哥就是学声乐的，考的艺术专业。我建议小张和哥哥联系一下取取经。

经过几次讨论，小张和父母都认为可以试试声乐学习，看看能不能考音乐学院。

目标一明确，小张就来了干劲，她开始去上各种音乐的辅导班。虽然还是不想去学校学习，但小张的状态已经和之前明显不同。

后来，小张的状态越来越好，不仅准时参加专业课学习，还能够每天补一补文化课。

这时候小张还是经常说不想学习，但每次抱怨完了她还是会去做。小张很希望自己能够成为一名歌唱家。她知道为了自己的理想，她必须过高考这一关。

2023年暑假，我接到了小张妈妈的短信，她告诉我小张被某音乐学院录取了。妈妈说："现在孩子不仅考上了本科，还从事自己喜欢的专业，非常感谢我为小张做心理咨询。"

其实，拯救小张的不是心理咨询，而是兴趣爱好。是兴趣的小火苗划破了无望的黑暗，照亮了小张的路。

（2）引导孩子成为独特的自己

孩子的优势在哪里呢？

优势常常蕴藏在孩子的兴趣和爱好里。

世界上那么多事，为什么孩子会对这个东西感兴趣？这不是偶然的，这是内在生命力的指引。这份指引不是一份白纸黑字的说明书，它可能隐隐约约，似是而非，含含糊糊，需要父母和孩子一点点摸索。

就像打开一个魔盒，在最终明晰之前，谁也不知道里面到底是什么。兴趣和爱好，就是生命价值和意义的最初线索。

小史，在公立学校就读的一名初二男孩。

小史成绩从小就不好，经常被老师批评，他不喜欢学习，也不喜欢学校，疫情期间整天上网玩游戏，更加无心学业。开学后，小史就不去上学了。

小史经常问父母：学习和考试有什么用？为什么每个人都要学习？人生的意义是什么？

面对这些问题，父母唉声叹气。他们能够理解孩子的无助，但是年龄这么小，不上学怎么办呢？

经过几次咨询，我感觉小史很想干出点成绩，让别人刮目相看。但他确实不擅长学习，从小到大的无数次挫败让他有一种深深的绝望。

小史很喜欢音乐，会打架子鼓，还会在电脑上合成音乐。我鼓励小史可以尝试在这方面发挥自己的特长。跟父母沟通后，父母大力支持小史参加艺考。小史的小火苗一下子被点燃了，厌学男孩变成了音乐达人。

每个人都有独特之处，这份独特成就了世界上独一无二的你。

青春期的孩子正好处于认识自我、认识世界的起点，如果能够帮助他们发展出自己的优势，会极大地增强孩子的自信心。

我把这个叫"点燃心火"。

点燃心火，就是以兴趣作为突破口，先让孩子爱上感兴趣的事，然后再将热爱扩大泛化，慢慢变成对自己的认可，对生活的追求。

对于厌学的孩子来说，点燃心火可以帮助孩子点燃内驱力。从孩子的长远发展来看，点燃心火可以帮助孩子明晰和确认自我的价值和意义。

（3）星星之火可以燎原

厌学会泛化，乐学会"传染"。

一滴墨汁滴入一杯清水，清水很快就会变黑。这是一个泛化的过程。

孩子厌学很容易泛化，厌恶的感觉会弥漫迁延，从点到面，从一个事件、一个科目渐渐变成跟学习有关的所有事。

比如，孩子被数学老师批评了，产生了对数学的抗拒和焦虑。因为没有及时干预，转变成孩子厌恶所有考评，对任何老师的评价都非常敏感，不愿意学习。如果还不加干预，厌学的情绪会继续泛化，孩子可能会开始厌恶学校，厌恶他人，最后严重了，就是厌恶生活的一切。

我们帮孩子从厌学中走出来，慢慢适应学习，爱上学习，也要有这么一个过程。

先从孩子感兴趣的地方入手，帮助孩子升腾起热爱的感觉，然后让这份爱长大、泛化，由点及面，扩展到孩子的学习和生活中。

很多人会因为喜欢一句话而喜欢一部剧，因为喜欢一个人而钟情一座城。"爱屋及乌"的原理跟大脑的运作方式很有关系。

研究发现，孩子的内驱力可以由点及面地泛化和"传染"，从0到1，从1到多。就算孩子在一个领域中没有自主感和控制感，只要他们在另一个领域中能实打实地有自主性和控制感，他们就能完成整合，更好地应对挑战。

兴趣会引发连锁反应：

調动孩子内驱力

⇩

让孩子感觉快乐

⇩

让孩子产生心流体验

⇩

将兴趣带来的快乐和专注扩展开

⇩

孩子能力更强，更自信，也更热爱生活

一个人的成长和发育，最重要的就是认知的成长和大脑的发育。在青春期，孩子的大脑还未发育成熟，正处于高速的成长发育期。大脑中高级的部分，也就是大脑皮层一直要到20多岁才会发育成熟。

这是个好消息。孩子大脑处于成长发育期，为我们的干预提供了一个黄金期。

走出厌学，爱上学习，由厌恶到热爱，不仅是帮孩子改变学习状态，提高学习成绩，更重要的是在训练和提高孩子的大脑。

当我们激发了孩子的兴趣，点燃孩子内驱力的"心火"，这把火就犹如星星之火，会照亮孩子的生活。

当孩子的正面感受越来越多，就会开启一个个正向的循环，正所谓"星星之火可以燎原"。

（4）怎样帮孩子点燃心火

不少父母苦恼："我家孩子特别懒，对什么都不感兴趣，没有爱好。"

生活中不是缺少美，而是缺乏发现美的眼睛。孩子不是没有兴趣和爱好，而是父母不知道怎么发现和欣赏他们的独特之处。

在发展兴趣方面，我有两个小建议：

• 打开格局，不要拘泥于"学习"

几年前，有个五年级的男孩来咨询。他爸爸最忍受不了的事就是这个孩子爱看课外书，不写作业。

我问孩子："你喜欢看什么书？"

他说："喜欢科幻魔幻类的，很喜欢哈利波特。"

"哈利波特写得很好啊，父母为什么反对呢？"我问。

他说："看这些书没有用，考试不考。"

"那看什么书才有用啊？哈利波特没有用，四大名著有用吗？"我问。

孩子摇着小脑袋说："四大名著嘛，那要看是哪一本。《三国演义》可能会考，它有用。《水浒传》和《红楼梦》没有太大用，《西游记》就更没有用了，考试一点儿也不考。"

我目瞪口呆。如果看四大名著都不叫学习，那什么叫学习？孩子的这套"考试有用"的理论是从哪里来的？

很多父母对学习的认识过于狭窄。学习就等于学课本，就等于完成老师的要求。

学习可不是这样的，孩子学做饭是学习，学跑步是学习，学交朋友也是学习。

在兴趣爱好上，我们一定要把格局放开，不要只盯着分数和成绩，不要把考试要求和兴趣、爱好、生活画上等号，孩子的生活不能全部围绕分数转。

● 不要用有用、对错、成功来评价兴趣

很多父母喜欢用"有没有用"来评价和定义孩子的兴趣，这里面很容易带着局限和偏见。

有一回，好友向我抱怨："别的孩子都有爱好，怎么没发现我儿子有什么兴趣爱好呢？"

我问："孩子喜欢干什么？"

她说："儿子有个癖好，喜欢摆弄厨房的小电器，比如电饭煲、电壶、面包机等。别的孩子喜欢玩刀、玩枪、玩乐高，我儿子喜欢锅碗瓢盆，难道他要当厨师？这是不是不太正常啊？"

我觉得很有意思，建议她多跟儿子交流交流，多了解了解为什么孩子喜欢这些。

十来年过去了，她儿子已经读高中了。孩子对电力、电池特别感兴趣，动手能力极强，家里的所有电器都被他拆装过。他很自信地告诉别人，他以后想学能源开发和存储方面的专业。

我跟好友畅想："也许再过十来年，那个玩电饭煲的小男孩会成为电池领域的专家呢。"

不少父母反感孩子追星，认为孩子喜欢的东西太表面，没有价值。其实，孩子追星追的不是那个人，而是那个人身上附带的很多东西。

一个初三女孩很喜欢一个男明星，她告诉妈妈："妈妈，我好喜

欢他，他好帅啊！"

妈妈不屑一顾："帅有什么用？都是包装出来的，就是为了吸引你们这种小姑娘。"

孩子听了，再不愿意跟妈妈分享了。

我上网了解了一下这个男明星。这个人起点不高，以前就读职业学校，后来组乐队在酒吧驻唱，当网红成名之后又当了演员。

在咨询中，我引导孩子："你的偶像不错哦，人家不仅仅是个帅哥，更是个妥妥的奋斗者。他起点低，能吃苦。除了聪明和帅气，他一定是非常努力，非常勤奋的。你可以向他学习。"

孩子很兴奋，她觉得这正是这个明星吸引她的地方。

所有积极的正向的东西都可以带给孩子成长。在兴趣和爱好上，我们不一定比孩子懂得多，也不一定是对的。父母要打开格局，放下评价和偏见，以开放的心态去了解、去倾听，和孩子一起学习成长。

5 怎样让孩子有持续的内驱力

兴趣是点燃孩子自驱力的星星之火，但是，只有这一个小火苗燃不起一场大火。想要持续驱动孩子，必须把兴趣这把火烧得旺一点，让孩子充分体验到乐趣，产生更大的动力。具体说来，我觉得有三点很重要：

- "兴趣＋能力"，让兴趣和能力挂钩，增强孩子的胜任感。
- "兴趣＋目标"，让兴趣和目标联结上，让孩子看见美好未来。
- "兴趣＋目标＋路径"，为孩子搭建成长云梯。孩子不仅能够看见目标，还知道如何一步步实现目标。这时目标的驱动性才能发挥出来。

（1）"兴趣＋能力"，帮孩子克服三分钟热度

很多父母发现孩子有个"毛病"——三分钟热度：对很多事情都感兴趣，很容易被点燃，但热情持续不了太久。刚开始干劲儿十足，没几天就降温了。

这时候，父母常常会批评孩子没耐心、没毅力。孩子很受挫，也认为自己就是不能坚持，干啥啥不行。

其实，这并不是孩子的问题。

兴趣想要持久下去，得跟能力挂上钩。"兴趣＋能力"，才能帮孩子克服三分钟热度。孩子被兴趣驱动起来以后，必须得有胜任感，才会被赋能加油，越干越来劲。

一个孩子喜欢跳舞，如果总也跳不好，还经常被舞蹈老师训，那么，他就很难在跳舞这件事上自信起来。没有胜任感和成就感，跳舞这件事就很容易泡汤。

我有个来访者，是一个高中男孩，抑郁厌学，在家休息。一次朋友聚会，他偶然接触到一种车类竞技，非常喜欢。

见孩子喜欢，父母很支持，经常让孩子去俱乐部玩车。刚开始

孩子玩得不好，纯粹是小白，但因为有兴趣，即使挫败也很高兴。

看孩子越来越投入，父母及时找了一个专业老师。老师的指导和鼓励让孩子信心倍增，孩子感觉自己很有潜力。这种感觉让他愿意投入重复枯燥的练习，而持续的练习让孩子的车感和控制能力倍增。

在老师的指导下，孩子报名参加了一个小型比赛，并在比赛中获了一个奖。这件事对孩子来说意义非凡，它是一个实打实的证明，证明他自己有能力。

从那以后，这个孩子就冲刺一般地投入各种练习和学习中，学文化课，学机械原理，练体能，练技术……他的热情被打开了，从"玩车"这个点扩展开来，学习和练习又进一步促进能力提高，这就形成了一个正向循环。

后来他在一个全国的比赛中获得了一等奖，高考时顺利考入一所跟汽车有关的专业院校。

（2）"兴趣＋目标"，"墙上画饼"让孩子好梦成真

想让孩子持之以恒去努力，背后一定得有强烈的动机。心理学上有一个解释动机的理论叫**期望理论——人们行为的动机是由他们期望的结果来决定的**。

大脑会提前评估努力能带来的预期结果，再依据这个结果去判断付出多少努力。越是期望得到这个结果，就会越有动力去做。

这个事情很有意思！想让孩子更有动力，我们就要学会"墙上画饼"，把孩子的期待描摹出来。这个"饼"就是目标，"兴趣＋目标"，让孩子经常"看见"自己的梦想，好梦才可以成真。

注意，这个"饼"（目标）一定是孩子想要的，不是父母想

要的。

比如：让孩子多运动提高体育成绩，很多孩子都不愿意干，因为他们知道这样需要付出很多辛苦，也不一定能够提高几分。

"通过运动提高体育成绩"这个饼，就不是孩子想要的，很难提高孩子的动力。

很多孩子运动并不是为了跑得更快，而是为了减肥。"变得更美更帅"这个饼是孩子最在意的。

父母可以把这个饼画在墙上，不断强化运动可以减肥变美。这时候，孩子会更有动力锻炼，因为他们知道虽然很辛苦，但结果值得。

动力来自预期结果，这个结果是不是自己想要的，需要付出多少努力才能成功，才能获得什么样的奖励，这种奖励是否值得……这一系列的预期都跟孩子会不会去做息息相关。

（3）"兴趣+目标+路径"，帮孩子搭建"成长云梯"

我发现一个很常见的情况：当孩子厌学什么都不想干时，大多数父母都非常支持孩子发展自己的兴趣爱好。不管这个爱好是什么，为了改善孩子的状态，父母都能做出配合的姿态。

但当孩子的状态慢慢好转时，父母就"原形毕露"，按捺不住了，"还是得以学习为主""不能把精力都放在兴趣爱好上""适可而止"。

父母希望孩子多学习，而孩子只想做自己感兴趣的事，父母和孩子又开始分道扬镳，各走各路，这时候双方常常再次陷入冲突、内耗、纠缠的关系里。

小王妈妈就有这样的困惑：

小王很喜欢跳舞，一周要上好几次舞蹈课。妈妈很庆幸，跳舞让孩子走出了抑郁，孩子现在很开心。

同时，妈妈又有些担忧："把精力都放在跳舞上，不想学文化课，这样不行吧？"

妈妈希望小王平衡好爱好和学习，准确一点说就是舞可以跳，学也得上，而且应该以学习为主，跳舞为辅。

小王非常抵触，她只想做自己喜欢的事。小王嘴上说自己也想考大学，但她不想去上学，三天打鱼两天晒网，不想补课，更不想写作业。

孩子刚刚对跳舞有兴趣，父母就急着让孩子把兴趣转移到学习上，这种操作很容易失败。

父母要有耐心，要给孩子一段成长的时间，帮助孩子蓄能。这个时候，孩子的兴趣就是一个颤巍巍的小火苗，父母要添柴加火，不能往后撤动力，更不能泼凉水。

我建议妈妈想办法让孩子在跳舞这件事上更精进一步，可以找专业老师讨论，增加练习时间，帮孩子制造一些高峰体验，让孩子有胜任感和成就感。

同时，要和孩子讨论跳舞这件事后续发展的可能性，帮助孩子设计一条切实可行的"成长云梯"，比如报考舞蹈学院，参加艺考或者选拔，等等。这方面可能父母的认知有限，要多请教专业人士，结合家庭情况，探索出一条适合孩子的发展之路。

"成长云梯"就是成长路径，把现实和理想连接了起来，让孩子不仅能够看见美好的未来，还能够知道自己如何才能一步步抵达未来。

道路明确了，孩子就能看得更远更宽了，也就越能够在实现梦想的道路上，接受除了兴趣之外的其他必要付出。"兴趣＋目标（墙上画饼）＋路径（成长云梯）"，让孩子好梦成真。

---------------| 本章小结 |---------------

- 内驱力像天使引路，外驱力像被魔鬼追赶。有内驱力的孩子像一台永动机，不怕打持久战，也不怕遭遇困难。
- 如果小学阶段孩子内驱力被破坏，学习习惯不好，初中就会越来越吃力。
- 学习动力比学习成绩重要一千倍，要像保护眼睛一样，保护孩子的学习动力。
- 时间安排太满，强制孩子做"应该做"的事，学习体验太差，这些都会破坏孩子的内驱力。
- 强化内驱力，要把方向盘还给孩子，让孩子有自主性和掌控感。
- 兴趣是厌学的"突破口"，可以引发一连串的连锁反应，如星星之火，照亮孩子。
- 每个孩子都有自己的兴趣，父母要打开格局，不要拘泥于"学习"，不要用有用、对错、成功来评价。
- "兴趣＋能力"，帮孩子克服三分钟热度。"兴趣＋目标（墙上画饼）＋路径（成长云梯）"，让孩子好梦成真。

互动练习 7

设计成长云梯

和孩子一起讨论、细化他的成长云梯，包括：

长期目标（10~15年），中期目标（3~5年），短期目标（1年），近期目标（本学期），微目标（明天）。

如，一个初三休学孩子的成长云梯：

长期目标：想从事歌唱演艺行业，成为一名歌唱家。

中期目标：高考参加艺考，考入一所本科艺术院校。

短期目标：明年参加中考，考上高中。

近期目标：本学期成功复学。

微目标：明天去上学。

孩子的成长云梯：

长期目标：＿＿＿＿＿＿＿＿＿＿＿＿＿＿＿＿＿＿＿＿＿

中期目标：＿＿＿＿＿＿＿＿＿＿＿＿＿＿＿＿＿＿＿＿＿

短期目标：＿＿＿＿＿＿＿＿＿＿＿＿＿＿＿＿＿＿＿＿＿

近期目标：＿＿＿＿＿＿＿＿＿＿＿＿＿＿＿＿＿＿＿＿＿

微目标：＿＿＿＿＿＿＿＿＿＿＿＿＿＿＿＿＿＿＿＿＿＿

第八章 提高孩子抗压力，从被动反应到主动减压

1 孩子厌学玩手机，可能是压力大

小涛，高一男生，就读于某市重点学校。

小涛最近很烦躁，学习成绩直线下降。上课时总走神，没办法集中注意力。每天回到家都感觉很累，不想学习，也不想写作业，就想看手机刷视频放松一下。

手机玩了半天，心情却越来越烦躁。"还有那么多作业没写""别人都在学习，我怎么又浪费时间"，"再这样下去，成绩只会越来越差"……小涛内心既焦虑又自责。

可是，盯着作业大半天，他脑子像被卡住一样，一个字也写不出来。

卷不赢、躺不平，小涛坐立难安。他感觉心里有一团火，整个人就像要爆炸一样，没办法冷静学习。

小涛妈妈说，孩子最近脾气很大，一点小事就会大发雷霆，还经常一个人在房间里走来走去。

妈妈很担心：小涛怎么了？是不是学习压力太大了？有压力应该努力啊，为什么小涛只烦躁不学习呢？

（1）太焦虑，大脑处于停摆状态

压力（stress）这个词，最早是一个物理学的概念。19 世纪末开始，生理学家、心理学家、社会学家借用这个词来描述动物和人类在紧张状态下的生理、心理和行为反应。

压力的英文"stress"一词是从古法语中的"distress"演化而来的，这个词本意是"使痛苦""使悲伤"或者表达为"引起痛苦和悲伤的事物"。从这个源头就可以看出，压力给人的感觉并不好。

小涛告诉我，因为最近几次考试成绩下降，他非常焦虑。高一入学考试，他在全年级排名前 50。在一个 800 多人的学校，这是不错的成绩。近几次考试，他成绩一路下滑，从 50 名到了 100 多名，现在是 200 多名了。

看着成绩往下掉，小涛感觉非常恐慌，想要抓紧一切学习的机会，赶紧把名次提上去。

可不知道为什么，就是无法集中注意力，脑子好像生锈了，总是看了就忘，什么也记不住。

小涛说："我的大脑好像失控了，我想努力学习，不去想那么多，可脑子就是会乱七八糟地乱想。"

"你都想什么呢？"我问。

"比如下次考试成绩又下降了，别人都会我不会，考不上好大学，等等。我也不想想这些，可它们就来了，没办法。"小涛说。

为什么小涛想学习却学不下去？

为什么他明明不想乱想，却又总是乱想呢？

我问小涛："你能告诉我，学习要靠什么吗？"

小涛一愣："靠努力啊，靠用心啊，得认真啊，多做题啊……"

"还有吗？"我问。

小涛摇摇头。

"你说的都对，学习需要认真和努力，但我觉得，学习归根到底是要靠大脑。"我一字一顿地说，"学习特别费脑，特别是高中阶段，学生处于一种长时间的高强度用脑状态。学习上难度大，对大脑的状态有很高要求。"

小涛认真听着，回应道："我的智商应该没问题。"

"对，你的智商肯定没问题，"我说，"但大脑要正常发挥，不仅仅是智商的问题，更关乎情绪情感。"

负面情绪会影响大脑功能，当孩子焦虑抑郁的时候，即使他重视学习，想提高成绩，大脑也很难正常工作。

我们常说"不要在愤怒的时候做决定"。因为当一个人很愤怒的时候，大脑没办法正常思考，无法做出理性明智的决定。

初高中阶段，孩子学习压力很大，属于高强度用脑阶段。如果太焦虑，就会影响大脑功能。

就像小涛，他的大脑已经被焦虑填满了，处于卡顿停摆状态，无法运行学习这套程序了。

（2）大脑的压力反应：战斗、逃跑、僵住

前面我们说过，大脑可以划分成上下两个主要区域：上层大脑和下层大脑，可以大致简化理解为情绪脑和理性脑。

一个人在丛林里遇到一只老虎会怎样做呢？

无外乎三种反应：战斗、逃跑、僵住。

面对压力和威胁，我们会有三种本能反应：战斗、逃跑、僵住，这就是压力反应。

压力反应是一个人面对压力时的自动化反应。这套系统非常有效，它保护着我们的祖先在丛林里生存了下来。

但是，当人类远离丛林来到都市环境，这套系统就有点麻烦了。

它太敏感了，而且不经思考，区分不了压力源！只要感觉到压力和威胁，这套系统就会自动启动。

也就是说，不管面对的一只老虎，还是一个老师，是一条蛇，还是一次考试，只要孩子感觉不安全、有威胁，就会全身紧张，做出或战斗或逃跑的准备。

比如，对小涛来说，成绩下降就是一个重大威胁，大脑就会启动压力反应，使他处于战斗或逃跑的防御模式。

- 战斗状态：高度敏感，易激惹，发脾气，大吵大闹。
- 逃跑状态：拖拖拉拉，不想学习，不想写作业；自我封闭，不愿意交流；一头扎进游戏世界，什么都不想想，躺平，摆烂。
- 僵住状态：一考试脑袋就空白；被老师指责时手足无措；被训斥时僵住，什么也说不出来。

很多孩子平时表现正常，快要考试了就焦虑睡不着，这就是考试带来的压力反应。

当一个孩子处于过度焦虑、难过、紧张、恐惧的时候，就算他很想学习，他的大脑也会罢工。难怪小涛说自己无法集中注意力，记忆力也大幅下降。

（3）持续紧张焦虑，大脑没办法放松

健康的压力反应应该是这样的：情绪脑遇到报警威胁，很快启动压力反应，我们的身体和心理都紧张起来，做好应对危险的准备。一旦危险解除了，情绪脑很快就会恢复平静，血压、心跳、肌肉、内分泌系统等回归正常，大脑再次回到放松、愉悦的正常状态。

可如果压力持续存在，情绪脑就会持续报警，孩子就会一直处于紧张、警惕的压力状态，也就会总处于或战斗、或逃跑、或僵住的状态中。

这是一种非正常状态，一旦持续下去，孩子身体和心理都会遭受很大的挑战。

很多孩子说在学校很紧张、心跳快、憋闷、心慌、喘不上气来，这并不是孩子无中生有。这些就是压力状态下的身体反应。

除此以外，青春期的孩子还有一个显著特点会加剧压力反应——他们的情绪脑比其他年龄段的人更敏感，更容易被激活。而此时，负责理性和调节情绪的理性脑还没有发育成熟，大脑皮层要到二十几岁才能够完全成熟。

一个更敏感的情绪脑，加上一个未成熟的理性脑，这就是为什么青春期的孩子会面临更大的挑战。

研究发现，正常的青少年，即使没有遭遇特定的压力源，也会对压力有过度反应。

康奈尔大学 B·J·凯西主持的一项研究发现，青少年的杏仁

核与儿童和成年人相比，反应要强烈得多，他们的压力反应更高，而耐受性却更低。

2 为什么孩子不努力，还整天说累

孩子压力大不大？不同的家长看法很不一样。

一部分家长认为，孩子压力挺大的，每天最早起床，最晚睡觉，作业一大堆，整天考试，"压力山大"。

还有一部分家长认为，孩子压力没有那么大，孩子只负责学习，既不需要赚钱养家，又不需要操心其他事，能有什么压力呢？

这两种说法差距很大，但有一个共同点——对压力的认识有点片面。

孩子的压力有哪些？

为什么很多孩子不努力学习，还整天说累？

（1）孩子纠结内耗，心理压力大

压力不仅来自外部环境，也会来自孩子的内心。

外部压力：压力源来自孩子的外部环境。可能来自学校，也可能来自家庭，可能是某一件事，也可能是某种关系。比如中考，高考，和朋友发生冲突，父母生病，等等。

内部压力：压力源来自孩子的内心世界，包括孩子认知上的一些困惑，动机和想法上的冲突，内耗，纠缠，等等。比如很多孩子想考好学校却不想付出努力，希望结交好朋友却不跟同学主动说话，等等。

内部压力常常被父母忽视，因为内部压力存在于孩子的感受和想法中，不能被直接看到，也不会被直接感受到。

纠结、内耗、自相矛盾、心理冲突，孩子常常会被困扰在自己的想法和感受中，一团乱麻，无法自拔。

"你又想上好大学，又不好好学习，这不是自相矛盾吗？"

"明明能力达不到，为什么对自己还要求那么高啊？"

"这么一点小事，整天纠结来纠结去，想那么多干什么？有什么用啊？"

"这些事都已经过去了，为什么总抓着不放呢？"

父母无法理解孩子，不自觉地就会批评和指责，这又会对孩子造成新的心理压力。

有些父母不理解："孩子厌学后，自己做了很多反思和调整，现在对孩子完全接纳，学习也没有要求，孩子的压力都没有了，为什么还是很焦虑，不学习呢？"

心理压力不仅来自外部，也会来自内部。外部压力解决了，不代表内部压力消失了。很多孩子的困难恰恰就是内耗模式。

青春期的孩子本来就容易敏感纠结，内部压力是很多孩子的卡点。当孩子陷入内心的冲突和纠结之中，他们很难靠自己"想通"走出来，很需要父母的引导和帮助。

如果父母无法分清孩子的压力来自哪里，无法理解孩子内心的矛盾和冲突，就很难采取有效措施，帮助孩子减轻或消除压力。

（2）警惕慢性压力伤害孩子

小明是一个五年级的男孩，就读于某市一所公立小学。半年前，小明的班主任老师被学校开除了，原因是老师暴力殴打孩子。这个老师是新调到这所学校的，做班主任不到一个月就发生了伤人事件。

老师已经被开除了，但是小明在学校里仍然很紧张，经常心慌、害怕。回家后常常哭闹，无法完成作业，小明很不愿意去上学。

媛媛是一个初三女生，就读于北京市某重点学校。

媛媛在班级里名列前茅，每次考试都能排在前五名。但父母非常不满意，因为按照这个成绩，无法确保她顺利考上最好的重点高中。

为了考上理想的学校，媛媛一上初中就上紧发条，时刻都不能放松。她每天都要学习到晚上十一点半，周六周日也不能休息。

媛媛的成绩看上去不错，但她觉得自己很痛苦，经常头疼、失眠，一个人在房间里哭。

小明的状态很不好，相信大部分父母都能看出来。孩子亲眼看见同学被伤害，而且施害人是老师，这是一种很大的创伤。

媛媛看上去一切顺利，成绩很好，妥妥的"别人家的孩子"。但其实，媛媛饱受慢性睡眠剥夺和长期慢性压力的困扰，她的状态很不好，而这一点很容易被父母忽视。

如果将媛媛的脑成像和小明的脑成像对比，你会看到他们的大脑惊人地相似，特别是在涉及压力的脑区。

压力按照程度大小，可以分为明显的压力事件和琐碎的慢性压力。

明显的压力事件：

孩子的压力有明显的源头，这些压力事件可能影响较大，也可能发生得比较突然，会给孩子造成很大的心理压力。如果不能及时妥善处理，孩子就会有各种各样的反常表现，比如焦虑、抑郁、厌学等。比如考试失利，被同学霸凌，父母离异等。

琐碎的慢性压力：

这种压力程度比较弱，没有这么严重，是生活中经常遇到的使人烦恼的一些日常琐事。虽然程度较小，但它持续时间长，发生频繁，且无从逃避，是一种慢性的持续性的压力。比如孩子作业多，父母要求高，休息和娱乐时间少，睡眠不足，父母爱指责批评等。

慢性压力更像是一种生活状态，容易被忽视，但每天都在发生，日积月累，同样会给孩子造成较大的心理压力。

很多父母在分析孩子压力时，只看重生活中的重大变故。然而，累积的烦心琐事和慢性压力对孩子的影响一样重要。

很多厌学的孩子生活里并没有发生重大挫伤，日常琐碎的心理压力累积起来同样会伤害孩子，让孩子对学习产生厌恶。

3 压力能不能转化成动力

"有压力才有学习动力，有压力孩子才会进步。"

"人无压力一身轻，有压力不是坏事情。"

"压力可以转化成动力，压力越大动力越大。"

这是我们在生活中经常跟孩子说的话。

压力和动力是一回事吗？孩子的压力真的可以转化成动力吗？

（1）压力不能超标

压力可以转化成动力——这句话说对了一半，有些压力的确可以转化成动力，但有些不行，这里面有条件。

美国国家儿童发展科学委员会将压力归纳为三种：

• 正向压力

正向压力可以促进孩子成长，让他们更能够承担风险，表现出色。

正向压力是压力阈值以下的部分，此时，压力处于可承受可控制的范围，像一根皮筋一样，孩子会在皮筋撑拉的过程中会感觉到紧张，但不会失控，不会造成身心损害和困扰。孩子在感受压力后很快就会恢复常态。

• 可承受压力

这种压力处于压力阈值的边缘，接近临界点，已经非常考验孩子了。

如果这种压力相对短暂地出现，也是可以增强孩子韧性的。但这是一种危险的操作，要有前提和保护。

关键点有三个：一是时间不能太长，二是要有成年人在旁边提供引导和支持，三是孩子必须有足够的时间来恢复。

比如，父母有很多争执要离婚了，这对孩子来说是一个挺大的压力。只要父母能够处理好离婚事宜，情绪稳定，关注孩子的情绪并能很好和孩子沟通，这对孩子来说就是一个可承受压力，孩子可以从家庭分裂的冲击中恢复过来。

- **毒性压力**

这种压力已经超过了孩子的压力阈值，会对孩子身心造成伤害。孩子处于应激或者失控的状态，如果家长无法或者不能提供有效帮助，孩子会感觉疲于应付，内心非常痛苦无力。

由此可见，正向压力可以转化成动力，可承受压力在父母的疏导和保护下，也可以变成自我成长的机会。

但毒性压力，不管是突发的，还是慢性的，都已经远远超出了孩子的承受范围，不仅无法转化成动力，还会对孩子身心造成伤害。

（2）压力可以提高学习表现，也可以降低学习表现

孩子对压力的感受，除了跟压力源有关，还跟孩子的承受能力有关，这就是**压力阈值**。压力阈值指的是个体承受压力的能力，也就是一个人能够承受的压力极限。

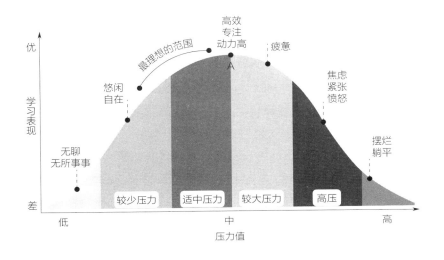

上面是一个压力程度与个人表现的关系图。

当压力值缓慢提高，处于压力阈值以下时，会促进个人表现。

这些压力就是正向压力，是我们常常说的"有点压力也不是坏事"。

比如参加体育比赛或者合唱表演，孩子上场前可能会有些紧张，小鹿乱撞，忐忑不安又饱含期待，这种压力可以让孩子神经兴奋，大脑会变得更活跃，有利于发挥和表现。

然而，压力对个人表现的提高并不是无限度的。

当压力持续加大，总会到达某一个点，这个点就是孩子能够承受的最大压力极限，超过这个极限，孩子就承受不了了。

这个点（A点）就是临界点，就是压力阈值。在此之下，压力能够促进个人表现。超过这个点，更大的压力只能降低个人表现，因为孩子承受不住了。

压力越大，负担越重，孩子越难以承受，个人表现也就越差。

（3）每个孩子的压力阈值都不同

经常听很多家长责怪孩子："都在一个班，压力都很大，为什么别人能行你不行？不要总给自己找理由，你就是太懒不努力不吃苦！"

这些批评有可能冤枉孩子了，因为每个人的压力阈值都不一样。别的孩子能行未必我们的孩子也行。

别人能吃三碗饭，我只能吃一碗，不是我不努力，也不是我不爱吃，更不是我矫情、敏感，只是因为我和别人的肠胃消化能力不一样。

如果非要让我和别人一样，别人能做的我也都要能做，别人能吃三碗，我也顿顿吃三碗，那我可能不仅消化不了，还会撑坏身体。

在大脑和神经发育方面，孩子之间的差异很大。

有的孩子大脑反应快，记忆力出色。有的孩子，记东西就是慢，但是只要记住了就很难忘。

有的孩子逻辑能力强，学理科就容易。有的孩子艺术感受力好，更擅长艺术表达。

有的孩子天生精力好，熬夜大脑不太受影响。有的孩子不能熬夜，睡觉晚了脑子就不好使。

每个孩子都是独特的，每个人的压力阈值都不同。要关注自己孩子的情况，不能所有孩子都"一视同仁"，给一样的要求和标准。

而且即使在同一个孩子身上，压力阈值也是变化的。当孩子年龄大了，身体壮了，知识和经验丰富了，压力阈值也会提高。父母要有耐心，看见孩子，陪伴孩子，支持孩子慢慢长大变强。

（4）如何分辨孩子的压力阈值

当孩子压力过大，超过了压力阈值，就变成了毒性压力，会对孩子的学习、生活和身心造成损害。

有家长问："压力阈值看不见摸不着，怎么才能够分辨压力是不是大了，是不是超过了孩子的承受范围呢？"

我觉得，这可以从孩子的反应和状态上来判断。

• 观察压力对孩子学习的影响

当孩子过度焦虑，大脑被情绪脑控制，大脑皮层无法发挥作用时，孩子就没办法专心学习。此时孩子常常会有这些表现：

注意力不集中

记忆力下降

脑子反应慢

学习效率低

学习状态时好时坏

成绩不稳定

考试发挥失常

• 观察压力对孩子身体的影响

在心理咨询中，我经常碰到孩子说自己胸闷、心慌、头疼、胃疼。父母怀疑是不是孩子身体不好，带孩子去医院看肠胃看心脏，一番检查，身体并无大碍，检查不出病来。可为什么孩子总说身体不舒服呢？

身体和心理是一个整体，会相互影响。身体会影响心理，比如饿了困了累了，心情就不太好。心理也会影响身体，比如长期心里不痛快，人就会生病。

孩子身体不舒服，可能并不是身体问题，而是心理问题。孩子的焦虑抑郁常常会有躯体化表现。

我有一个来访者，女生，读高中。从初二开始，她一直被头疼困扰。头疼起来没有办法学习，睡眠也不好。父母多次带孩子去医院，各种检查都做了，头部和身体都没有什么病。医生建议孩子去看看精神科。

父母带孩子一检查，被诊断为焦虑症。后来孩子服药加上心理咨询，头疼问题很快就解决了。

压力容易引发躯体反应，孩子常见的躯体反应有：

头疼

失眠或嗜睡

耳鸣

肩颈痛

心悸心慌

胸闷

肠胃痛

暴食或没食欲、恶心、呕吐

便秘或腹泻

身体发抖、抽动

免疫力低，容易生病

各种炎症，如皮炎、湿疹、过敏性鼻炎等

疲劳无力

内分泌紊乱

• 观察压力对孩子大脑的影响

压力过大会让孩子陷入焦虑和恐慌，最受伤害的就是大脑！

孩子正处于发育阶段，不仅身体发育，大脑也在发育。如果孩子长期处于压力状态，会对稚嫩的正在成长的大脑产生深远的负面影响。

记忆力降低，孩子说"脑子不好使"

在压力状态下，肾上腺会分泌皮质醇。皮质醇可以帮助我们应对压力，但长期较高的皮质醇水平会弱化并杀死海马体细胞。海马体对学习太重要了，因为它是创造和储存记忆的地方。

无法集中注意力学习

压力会弱化脑电波的连贯性，降低孩子对于新鲜知识的探索欲望，同时也降低孩子解决问题的欲望。

情绪过度反应

压力会强化杏仁核，让孩子的杏仁核变大，反应更敏感，更容易被激活并出现过度反应。父母会感觉到孩子的承受力越来越低，为了一点点事情就发脾气纠结难受。

容易导致焦虑、抑郁、厌学

持续的压力会导致前额叶皮质持续紧张，让孩子更容易感受到压力感和焦虑感，孩子会感觉茫然无助，无法胜任学习和挑战。

有些孩子会采用逃避的方式，一头扎进互联网和电子游戏中，暂时逃避压力。

4 主动减压，不焦虑才能成绩好

还记得本章开头我们提到的小涛吗？重点学校的高一男生。成绩从 50 名到 100 名再到 200 多名，他对成绩非常焦虑，陷入恐慌状态，无法专心学习。

在咨询中，当我解释了情绪对大脑的影响。小涛急迫地问："那我该怎么办呢？"

"怎样才能降低你的焦虑呢？"我反问。

小涛说："当然是把成绩提上去啊，成绩好了，我就不焦虑了。"

"那怎样才能稳定并提高成绩呢？"我问。

"不知道。"小涛摇摇头。

（1）不是"成绩好才不焦虑"，而是"不焦虑才能成绩好"

成绩不好，所以焦虑；找不到工作，所以焦虑。

有了这样的因果联系，很多人会认为：只要把事情解决了，情绪问题也就解决了。就像小涛认为的那样，只要成绩提高了，焦虑也就消失了。

可问题是，成绩没办法提高，或者工作暂时找不到，那该怎么办呢？

生活中，我们常常遇到两种困扰，一种是现实问题，一种是情绪情感问题。

我们一般擅长解决现实问题。立目标，找方法，去行动，这都是解决现实问题的方法。

情绪问题要如何解决呢？

我相信大多数人都没有认真思考过这个问题。

用解决现实问题的思路来解决情绪问题是行不通的。

对小涛来说，并不是先提高成绩，再缓解焦虑。而是得先降低焦虑，才能确保大脑有较好的学习状态，才能稳定住成绩。

所以，目前的重点不是提高成绩，而是降低焦虑，稳定住自己的状态。

这是第一步，是当下这个阶段我们要做的事，至于提高成绩那是后面要做的事。

（2）从被动应对压力到主动减压放松

当一个人压力太大的时候怎么办呢？

唯有解压啊。压力已经过大，超过了压力阈值，我们就得往相反的方向做工作了。

我建议小涛要主动减压，状态不好的时候不要硬逼自己。这个时候脑子已经不好使了，不如休息休息。这种休息不是浪费时间，而是有利于恢复大脑状态、有利于学习的行为。

父母也要有这种意识，帮助孩子养成边学习边减压的习惯。身体需要一天吃三顿饭，大脑也需要"进食"，大脑的"食物"主要就是放松和休息。

主动放松不是浪费时间，而是提高学习效率的必要措施。

孩子进入初高中阶段，学业压力很大，一定要有相应的化解压力的方法。父母要有意识地帮助孩子放松娱乐，对冲压力。

（3）看手机不是好的减压方式

怎样才能让大脑休息呢？

我最推荐的是运动。运动对宣泄压力、降低焦虑的效果很明显。

运动是天然的健脑丸，是最接近"灵丹妙药"的东西，不仅可以健身，还可以健脑。

大脑和肌肉一样用进废退，大脑内的神经元通过树状分枝相互连接。当运动的时候，我们的身体能释放一系列影响神经系统的化学物质，可以促进这些分支生长并发出更多侧支，增强大脑功能。

小涛说自己从小不喜欢运动。

"你喜欢干什么？什么能够让你感觉到放松呢？"我问。

"玩乐高，和朋友聊天，吃好吃的，有时候撸猫、骑车也可以。"小涛说。

"太好了！你有这么多减压的方法！"

如果孩子不喜欢运动，父母不要硬逼着孩子运动。运动是为了减压，如果孩子反感，运动就成了压力，起不到减压的效果。

做喜欢做的事，做让自己放松的事，这种活动才能消解孩子的压力。

最后，还要特别提醒父母：现在很多孩子用玩游戏、看视频的方式来放松，这种方法不是不行，而是不好。不管是看视频还是玩游戏，大脑和眼睛都没有办法完全放松休息，可以说，它们并不是最好的减压和休闲方法。孩子短时间看看是可以的，但不能时间太长，还是要有其他放松的方式。

5 怎样帮孩子应对学校压力

孩子的压力除了来自家庭，还会来自学校，特别是初高中阶段，来自学校的压力占了很大一部分。如何帮助孩子应对学校中的压力呢？

（1）及时修正孩子绝对化的想法

当拿到初一的第一次考试成绩时，小张大吃一惊，他怎么也没有想到，自己竟然考了年级第一！这可是一所重点初中，自己竟然考了第一，这大大超出了小张的预期。

老师在班上表扬了小张，并着重强调："不要放松，继续努力，你可是年级第一。"

打这以后，小张的头上就好像贴上了一个"年级第一"的标签。课间休息，总有同学向他请教："你是年级第一，这个题你肯定会。"

刚开始，小张非常开心，有一种"别人家孩子"的优越感。但没过多久，他的状态就不一样了。

妈妈说，自从考了年级第一，小张整天都很紧张，生怕下次考试考不好，"跌落神坛"。

小张让妈妈买了好几本习题集，每天晚上做到深夜。有时候妈妈早上一起来，竟然发现小张又在做题。

小张越来越急躁。碰到自己不会的题就很抓狂，情绪失控，经常一边做题一边哭。

妈妈让他休息一下，他一点也不听："怎么办啊？快要考试了，这么多题还没做。"

看着小张焦虑的样子，妈妈很担心，万一考试不理想，孩子会不会崩溃？

很多家长认为只有不好的事才是压力，其实，很多好事也是压力。小张考了年级第一是一件好事，也是一件很有压力的事，因为他把这个"年级第一"的帽子戴在了自己头上。

"每次都要考第一，只有第一是成功，第二就是失败。"这是另一个学生告诉我的话。如果有这种认知，压力就太大了。

父母要觉察孩子的认知，及时修正过于绝对化、非黑即白的一些想法。

孩子考了年级第一是好事，说明孩子学习不错，但一次考试并不能代表什么。

排名是比赛，每次考试都会有很多偶然因素。考试结果，特别是排名，不是孩子自己努力就能完全把控的。题目的难度，同学的表现，自己的状态都是影响考试的关键因素。

我告诉小张，不要把"年级第一"的帽子戴在头上，这会让自己压力过大，过于焦虑，反而乱了方寸。

学习还是要回到学习本身，掌握知识是重点。扎扎实实去学了，成绩自然不会差。过分在乎排名，反而不利于专注学习。

（2）帮孩子应对学校和老师的压力

小丽，一名初二女生，因抑郁休学半年了。

小丽学习很好，小升初被"掐尖"进入一所重点民办初中就读。学校管理非常严格，在学习方面抓得很紧。

初一时小丽表现优秀，在班里排名前五，老师非常看重她，认为她有潜力，可以再冲一冲。但小丽感觉压力很大，胸闷，喘不上气来。

小丽向妈妈求助，妈妈教育她："初中大家都累，老师这么负责任，学校也好，你可不能掉链子，要坚持不懈努力下去。"

初二时，小丽的状态越来越差，常常哭，不想上学，感觉疲劳，没有力气学习。妈妈带小丽去医院，医生诊断为中度抑郁、中度焦虑。

小丽妈妈非常困惑："我们对孩子要求不高，也没有高期待，为什么孩子还会焦虑抑郁呢？"

小丽的压力很大一部分来自学校，来自老师。老师希望孩子成绩好，只强调成绩而忽视了孩子的感受。面对压力，父母没有站在孩子一边，反而站在老师一边一起对孩子施压。

初高中的孩子压力都很大，家长要当好孩子的缓冲垫。把孩子的状态排在第一位，老师的要求排在后面。做孩子的帮手，帮孩子应对来自学校和老师的压力，不做加压器。

（3）应对排名带来的压力

正读高二的男孩小李最近很烦：测验和考试，同学成绩比他高，他很烦；做题和作业，同学对了他错了，他很烦；上课回答问题，同学举手他不会，他也很烦。

"为什么这么烦呢？"我问。

"可能是因为我的成绩下降了。"小李说，"我觉得很焦虑，害怕别人超过我。如果别人比我优秀，我就考不上好大学了……我知道现在想这些没用，应该好好学习。可没办法，我不自觉地就会去关注别人。一看到别人表现好，我就很烦。"

孩子生活在群体中，会不自觉地和同学比较，有些是明着比，有些是暗暗比。

考试就是竞争，比较在所难免。但如果总是盯着别人，无法把控自己的状态，孩子就会乱了方寸。

"你的状态是你说了算还是同学说了算？"我问小李。

小李没听懂。

我接着说："如果同学成绩好，你就烦躁，你的状态就是同学说了算。别人的表现决定了你的状态。"

小李轻轻点头："是的，我把控不了自己的状态。"

怎样调整因为比较带来的负面情绪呢？我给了小李三个小建议：

- 当自己再次不自觉地和同学比较的时候，悄悄告诉自己"停"。可以用转移注意力的方式让大脑想点别的事。注意力在哪里，情绪就在哪里。注意力一转移，情绪就会改变。
- 重自我表现，轻名次。排名涉及的因素很多，我们只能把控自己，决定自己的表现和状态，没有办法决定他人。自己的学习状态是过程，排名是结果，要把精力放在对过程的把控上。
- 巧用比较：不要总向上比，偶尔也可以向下比。总和比自己强的人比，总受打击，很难自信。总和学习差的同学比也不好，会安于现状。比较要平衡，想进步就向上比，见贤思齐；受挫了就向下比，偶尔阿 Q 一下无妨，心里踏实有自信。

通过调整，小李很快稳定住了自己的状态，排名又上来了。

| 本章小结 |

- 学习要靠大脑。压力太大会启动大脑的压力反应模式，影响大脑功能。
- 压力不仅来自外部环境（外部压力），也会来自孩子的内心（内部压力）。明显的压力事件和琐碎的慢性压力都会伤害孩子。
- 不是所有的压力都能转化成动力，压力可以提高学习表现，也可以降低学习表现。
- 每个孩子的压力阈值都不同，父母要根据对孩子的学习状态、身体状态、大脑状态的观察来判断。
- 不是"成绩好才不焦虑"，而是"不焦虑才能成绩好"。主动减压不是浪费时间。看手机不是好的减压方式。

- 好事也可能是压力。要及时修正孩子绝对化的想法。
- 家长要当好孩子的缓冲垫。做孩子的帮手，转化来自学校与老师的压力。

互动练习 8

给压力做个 SPA

压力太大会影响孩子的大脑功能。压力大的时候可以做点什么主动放松一下？和孩子一起讨论，在下面合适的选项后面打"√"。

聊天☐　跑步☐　唱歌☐　做美食☐　撸猫☐　写日记☐

做心理咨询☐　听书☐　玩乐高☐　遛狗☐　做手工☐

打球☐　骑车☐　散步☐　游泳☐　喝杯奶茶☐

看小说☐　冥想☐　听相声☐　旅行☐　听音乐☐

睡觉☐　跳舞☐　购物☐　看展览☐

其他方法：＿＿＿＿＿＿＿＿＿＿＿＿＿＿＿＿＿＿＿＿＿

第九章　提高孩子抗挫力，
　　　　从自我否定到自我成长

1 孩子为什么躺平摆烂

父母怎么也想不到，一直成绩优异的小浩竟然要休学！

15岁的小浩是一名初二的男生。

小浩说自己是"高开低走"。小学时成绩优异，各方面表现都很好，被选为班长。小升初，顺利进入当地最好的学校，重点学校重点班。

期中考试排名，小浩排班里十几名，在五十人的班级里属于中上游。看到这个成绩，小浩无法接受，以前都是前三名，怎么现在这么差？

父母一看排名，也着急了："你整天怎么学的？别人怎么学得那么好？照这样下去，高中都考不上了。已经给你报了课外班，赶紧补补课。"

谁知小浩的成绩还是一次次往下掉。小浩像一个被扎破的皮球，一天天泄气瘪下去。

看着小浩一副萎靡不振的状态，父母非常生气，训斥他："废物！没前途！什么都干不好！"初二一次英语考试，小浩的成绩又降了。这一次自己最擅长的英语也掉下来了，小浩的信心彻底被击碎了。

从这以后，小浩一头扎进游戏世界，再也不去上学。妈妈指责、爸爸逼迫，小浩无动于衷。他干脆把自己关在房间里，不和父母说话，日夜颠倒地玩游戏。

（1）躺平摆烂是因为习得性无助

要想帮助小浩，得先了解在他身上发生了什么。我们从一个心理学实验开始讲起。

20世纪60年代，一个叫塞利格曼的美国心理学家做了一项著名的实验。他把狗关在笼子里，只要蜂音器一响，就给狗施加难以忍受的电击。

起初，狗非常暴躁，在笼子里左突右撞。可是，狗被关在笼子里，根本逃避不了电击，也没有办法逃出来。多次实验后，蜂音器一响，狗就趴在地上，惊恐哀叫。

后来，实验者把笼门打开，此时狗不逃，也不反抗。不等电击出现，它就倒地呻吟、颤抖。

笼门已经开了，狗可以逃跑了，但它为什么放弃挣扎和反抗，等待痛苦的来临呢？

因为经过很多次失败的尝试，小狗产生了习得性无助——挣扎和反抗都是没有用的，不会让自己免于痛苦。既然无法逃脱痛苦，那还挣扎什么呢？

塞利格曼的实验证明：无助感不是天生的，而是被学习、被训练出来的。

就像这只狗一样，经常遭受挫败或者虐待，没有任何出路和办法，它会产生并习得这种无助感，并因绝望而丧失求助的意愿。

即使后来环境已经改变，小狗仍然会被习得性无助困扰，不能主动做出改变。

孩子也一样。很多孩子躺平摆烂，正是因为习得性无助。

一次次的失败和无效的努力以后，孩子会产生强烈的挫败感和无力感。挫败使孩子丧失自信心，养成一种消极的自我认知。他们会认为"努力没有用""我什么都改变不了""以后也会一样差"。

当孩子处于习得性无助的状态，就会丧失努力和改变的动力，变得破罐子破摔，躺平摆烂。

（2）哪些孩子会因挫败而厌学

很多人认为厌学的孩子肯定都是学习不好、成绩差的孩子，其实不是。

厌学的孩子有一部分是学习不好，价值感低，体验不到快乐。还有一部分孩子学习不错，进取心很强，非常努力，但在学习和考试中没有达到理想目标，因为受挫而躺平。

看到这些孩子，我不禁会想到被折断的小树枝。他们看上去很固执，有自己的想法，不接受父母的建议。但其实他们的内在非常脆弱，又硬又脆，缺乏弹性和韧性，灵活性和适应性不足，这样的孩子很容易被挫败击倒。

我有一个来访者，是个研究生，在一所不错的大学就读。

刚考上研究生时，他还挺自信。后来感觉竞争压力非常大，写论文做科研整天受挫，没多久他就开始怀疑自我了，"我能力不行，我太差了，我什么都干不好"。

即使在别人看来，他读的是一所好大学，他是一个研究生，他不应该这么自卑。可是在他的感受和体验里，他就是感觉自己很差，感到挫败、无助、无奈，他越来越逃避压力，逃避见导师，逃避所有学习和工作。

在厌学的孩子里，受挫败感折磨，陷入习得性无助的孩子占了很大的比重。

这些孩子有一些共同特点：

- 之前表现很优秀，有些孩子甚至很拔尖；
- 对自己有很高的期待和要求，不少孩子有完美倾向；
- 遭受挫折时，内心充满强烈的负面情绪，对自己充满否定，自我评价低；
- 内心深处很恐惧，没有安全感，担心犯错和失败；
- 非常在意他人的看法和评价；
- 不善于表达负面情绪，不愿意别人看见自己的脆弱，较少求助，常常逃避。

（3）孩子产生习得性无助的四个阶段

孩子产生习得性无助，内心的情绪和想法会有一个发展变化的过程，大致会经历四个阶段：

- **阶段一：被挫败，情绪低落**

努力了却得不到好结果，孩子心里很难过，产生很多负面情绪。

这时候孩子很脆弱，需要父母安慰。很多家长只看见下降的分数和名次，忽视孩子的感受，不能理解孩子，只知道批评指责，让孩子内心更加焦虑、委屈、痛苦。

• 阶段二：产生消极认知

这时候，孩子在思考为什么不行，是需要父母给支持给帮助的时候。

很多家长不仅不能开导孩子，还会责骂孩子："你就是不如别人！你连自己都控制不了，怎么能考得过别人！"

孩子会认为"可能我就是不行，能力太低，不擅长学习，和同学差距太大，再怎么努力也得不到好结果……"

• 阶段三：对未来产生无助感

孩子的努力没有效果，父母只会指责不会帮忙，孩子就不知道怎么办了。他们会认为"未来无法改变，没有任何希望""一切都不可控"。孩子陷入深深的无助感当中。

孩子对父母很失望，父母却依然毫无觉察，还在焦虑、担忧、指责、逼迫孩子学习。父母的指责又把孩子往无助的路上推了一把。

• 阶段四：消极回避，放弃努力

既然现实无法改变，未来也没希望了，努力还有什么意义？过一天算一天，玩玩游戏轻松一会儿不好吗？

孩子放弃了躺平了，不像之前那么痛苦和纠结，反而表现出一种消沉的平静，好像"接纳"了，没有力气折腾了。

哭和闹是一种痛苦的表现，更是一种求助、求生的信号。

当孩子向你哭闹的时候，父母一定要警醒，赶快做出调整。不哭不闹的时候，孩子可能已经陷入无助和绝望，此时麻烦会更大。

（4）孩子不是不想学习，而是挫败无力

孩子的行为只是外在表现，内心情感才是真正的问题。

对于内心充满挫败感，习得性无助的孩子，父母要穿透孩子躺平摆烂的外在表现，不要把关注焦点放在孩子不学习、不写作业、玩手机这些外在表现上。如果一味地指责孩子，会让已经受挫的孩子雪上加霜。

父母要和孩子在情绪情感层面相遇相通，看见并理解孩子的内心情感，对孩子充满关爱和体恤。

对于放弃躺平的孩子，父母要有一个更深的认识：

• 孩子不是不想学习，而是无力应对

孩子之所以被挫败，是因为内心有期待。这些孩子都是内心很想要学习好、表现好的，他们不是不想学习，而是受无力感困扰，没有心力去奋斗。

• 躺平不是放弃，而是习得性无助

表面上看，孩子不学习，不写作业，天天玩手机，好像不想上进，躺平摆烂了。其实，这些孩子即使在玩，他们也很痛苦。看上去的"轻松"并不是他们内心真正想要的。

• 摆烂是因为太挫败，不相信自己

孩子内心对自己充满了否定，这种否定常常是以偏概全，非

常不客观的。他们看不见自己的优点，不认可自己的所有表现和能力，对自己的学业甚至人生全盘否定。

2 父母如何帮助受挫的孩子

（1）停止无效的讲道理、做评价、给批评

如果孩子告诉你："妈妈，我觉得压力好大，再怎么努力也学不好，我不想学了。"你会怎么做？

"怎么能这样想呢？不好好学习以后怎么办？"

"这个想法太消极了！别忘了，你是个学生。"

"哪里压力不大？社会上压力更大！"

"不想学也得学啊，我不想上班不也得去嘛。"

"还是你不够努力，只要努力肯定能学好。"

"别人为什么能做到，你却做不到？别总是找外面的原因，自己反省反省。"

这些话是不是很熟悉？如果父母这样回应孩子，孩子八成不会再愿意继续聊下去。

孩子厌学，父母最常犯的三个错误就是：讲道理、做评价、批评指责。

当孩子陷入强烈的情绪困扰，讲道理、做评价和批评指责，很

难帮到孩子，因为孩子会感觉父母在忽视和否定自己。

如果现在有一场演出要邀请你上台表演，你会不会紧张？

我想大部分人或多或少都会紧张。

如果我告诉你"不必紧张，紧张没有用"（做评价）"万事开头难，没什么可害怕的，演砸了也没关系"（讲道理），"你不应该紧张，怎么这么胆小"（批评指责），你的紧张和害怕会消失吗？

应该不会，即使我一遍遍地讲道理，你还是会不自觉地紧张和害怕，还会因为我的评价和指责而生气和难过。

事情是事情，感受是感受。

认为不应该害怕，但心跳就是快，手抖脚动，心里就是害怕；认为没有必要焦虑，但就是坐立不安，睡不着觉；理性上知道应该乐观积极地去解决问题，可是内心就是难过消沉，一点也不想动。

你有过这样的时候吗？脑子里什么都明白，可身体就是做不到，讲了一堆的道理也排解不了内心的痛苦。

讲道理、做评价、给批评很难发挥出作用，这跟孩子的大脑状态密切相关。

孩子厌学，陷入深深的挫败感，他的情绪脑处于激活状态，而理性脑"停摆"了。前面我们说过，当情绪脑被激活时，理性脑没有办法发挥作用。而讲道理、做评价、给批评都是理性脑的工作部分。

此时，孩子的大脑像一只敏感害怕的小狗，汪汪大叫，什么道理也听不进去。

怎么办呢？

我们得先安抚孩子，让情绪脑这只小狗安静下来，这时候，理性脑才能发挥作用，我们才能跟孩子沟通交流，做一些认知调整，或者给孩子一些建议。

（2）三少做，三多做

让我们换位思考：如果你被打击，被挫败，内心难过又害怕，无力行动，你会希望别人怎么帮你？

如果是我，我会需要安抚，而不是被教育。需要有人理解我的难过和恐惧，而不是批评、指责。当然，我也需要别人给建议，但更需要被接纳，被肯定，被鼓励。

面对因挫败、习得性无助而厌学的孩子，我建议父母"三少做，三多做"。

• 少评价，多接纳

被挫败的孩子，不是不想学，也不是学不会，而是害怕不够优秀。他们无法接纳失败，无法接纳自己不够好。

父母少评价，对孩子多表达接纳和认可，会让孩子放松一点，心安一点。

接纳是帮助孩子处理情绪问题的第一步，而且，接纳本身就可以帮助孩子降低压力和痛苦。我们都有这样的体会，在生活中遇到一个困境，一个人独自承担和一家人共同承担的感觉是不一样的。

当孩子感受到有人能够理解他支持他，无条件接纳他爱他，这种接纳和支持本身就很有力量，可以增加孩子的价值感和克服困难的信心。

评判孩子会让你站在孩子的对立面，而接纳孩子会让你和孩子站在一起。

当我们评价孩子的时候，不自觉地会把孩子摆在了我们的对立面上。这一边站的是父母，孩子带着厌学的困扰站在另一边。这样的对阵决定了孩子不会听你的任何建议，你说什么他都会反对，他会和厌学绑在一起对抗你。

如果父母表达对孩子的接纳，而不是评判，就是主动和孩子站在了一起，和他一起来面对厌学问题，这才是父母正确的位置。

● **少讲理，多共情**

孩子不缺道理。从出生到现在，孩子天天都在学知识，学道理，对很多大道理耳熟于心，比谁都懂。就算他们"不明事理"，遇到问题的时候，别人也会"忍不住"给他们讲讲道理。

父母要少讲道理，多在情感上共情孩子。

做孩子的情绪工作，共情是核心，也是重点。

什么是共情呢？

共情就是能够在深层次上去理解一个人，去感觉对方的感觉，明白他的想法、动机、判断和渴望。

美国心理学家威廉·伊克斯说：你可以把共情理解成读心术。一个人拥有读心术，就可以看透另一个人，知道这个人有什么感觉，有什么想法和计划。

共情是人与人之间相互联系的纽带。我懂你，你懂他，我们亲如一家。

如果没有共情，我是我，你是你，我不懂你，你也不懂我。就算我们碰巧撞上，也会相互弹开，没有情感的牵系。

咨询时，孩子经常告诉我："道理我都懂，我也想做好，只是需要别人片刻的理解和包容。"

• 少批评，多肯定

孩子厌学受挫，最容易得到的就是批评和指责，而最缺乏的就是肯定和鼓励。想要帮助孩子走出挫败，增强自信，我们就得多肯定、欣赏、认可孩子，多鼓励，少批评。

一位同学告诉我："长这么大了，爸爸从来没有认可过我。如果我做错了，他劈头盖脸就是一顿批评和指责。如果我做得还行，他也不会表扬。他会板着脸说：'做好是应该的，你还有很多不足的地方，可以做得更好。'"

我相信这位同学的爸爸很爱孩子，之所以挑剔是因为他希望孩子看到自己的不足，知道"人外有人，天外有天"，能够虚心学习，不断进步。

父母的出发点是好的，但是很可惜，良苦用心未必能有好效果，这样的方式只会打压孩子，让孩子不断受挫。

"批评让人进步，表扬使人骄傲"，很多父母从小就被教育"要善于批评和自我批评"，认为只有批评才会让孩子看到不足，不断进步。他们不敢肯定和称赞孩子，怕孩子满足于现状。

这是一种误解。

批评让人进步，这是有条件的，也是反人性的。事实上，从小孩到老人，无论男女，无论长幼，没有人喜欢听批评，大家更喜欢被认可、被欣赏、被表扬。

"批评 = 受挫"，批评就是一种打击和挫败。

挫败不会让人进步。人只有不断得到肯定和鼓励，才会激发内在的动力，表现得更好更棒。

频繁的打击只会让一个人否定自己，自卑，退缩。

3 决定抗挫力的两种思维模式

小航和小莉在同一所高中就读，两个人学习成绩都很好，同一年考入了这所重点学校的重点班。

高中一开学，学校进行摸底考试，小航和小莉的分数在班里都是中下游。

得知这个结果，两个孩子都是既惊讶又挫败。他们在以前的学校都属于"好学生"，没想到来了新学校，自己却成了"差生"。对于一贯认为自己学习不错的孩子来说，这种感觉非常糟糕。

小航就像霜打的茄子，灰心丧气，"完了，原来我这么差，差距这么大，努力也白搭，我不可能考上好大学了，认命吧，我就是个差生"。

每天上学，小航都感觉非常痛苦，"和同学一比，我哪哪都不行""我就是个傻瓜""再努力也没用，我失败了，我的人生完了""我不想上学了，太痛苦了"。

刚开始小莉也很受挫败，但很快她开始给自己做心理建设："一次考试说明不了什么，就算同学现在比我分数高，也不代表他们能一直这样。""这次考试只是一个起点，提醒我不要满足于以前的成绩，在这个高手如云的学校，我一定要更加努力。相信通过一段时间的努力，我能超过他们！"

每天上学，小莉都精神饱满，看到同学表现优异，她也不会受挫，"这个学校太好了，这么多高手！我要向他们学习，我要更努力一些，我也要变成学霸！"小莉像一个斗志昂扬的小战士，很快适应了新的环境。

一学期以后，小莉的成绩前进了一大步，而小航却迎来了更低的分数和排名。

两个孩子起点一样，也都经历了一样的挫败，为什么他们的表现截然不同呢？

斯坦福大学心理学家卡罗尔·德韦克研究成功学数十年，她在《终身成长》这本书中说：成功并不是能力和天赋决定的，更受到我们思维模式的影响。正是因为不同的思维模式使小航和小莉走上了完全不同的道路。

卡罗尔·德韦克介绍了**两种思维模式：固定型思维和成长型思维**。

固定型思维

孩子的认知消极、僵化，自我封闭，倾向于认为一切已经注定，不可能改变。

孩子沉浸在固定型思维模式中，对错误和犯错高度敏感，容易只盯着结果，想要去证明自己，而不重视努力的过程。

他们思维固化，无心倾听无心交流，很难接受他人的建议，不想改变现状，也不想和他人建立深度关系。

这些孩子情绪不稳定，易冲动，易激惹，内心有很多冲突，内耗严重，容易失控，缺乏灵活性。

成长型思维

孩子以开放、成长的态度面对问题，认为通过自己的努力可以改变境遇。他们愿意学习，愿意努力，欢迎生活中的所有际遇，哪怕是不顺心的事。

拥有成长型思维的孩子具有接纳性，在应对挑战时，会更积极、更清醒、更灵活，愿意接受相互妥协的解决方法，愿意冒险并主动探索。

成长型思维更注重努力的过程，而不是一个结果。孩子不会总想证明自己，而是希望自我不断提升，不断拓展自己的能力。他们认为自己没有成长，或者没有完全发挥自己的潜能，才意味着失败。

这些孩子有好奇心、有想象力，不会过度担心犯错，不会刻板和固执，拥有开放和谐的人际关系。

小航拥有固定型思维模式，他认为成绩和智力水平是板上钉钉、一成不变的，认为"如果你是某一种类型的人，基本没有什么可以改变这一点"。

对小航来说，挫折意味着失败，得到一个糟糕的成绩，被批评，输掉比赛，被拒绝……这些都意味着不够聪明，能力差，没有天赋。

小航畏惧挑战，同时又对努力不屑一顾，持消极态度，因为他认为："如果一个人足够聪明、有能力，根本不需要努力""如果能力差再努力也没有用，改变不了现实"。

而小莉拥有成长型思维模式，她认为自己的能力是在不断成长和变化的，每个人都可以通过努力来培养某方面的能力，改变自己的处境。她热爱挑战和变化，相信努力面对挫折可以重新站起来，取得更大的进步和成功。

这两种思维模式哪个更好一目了然。

社会学家本杰明·巴伯曾经说："我不会将世界两分成弱和强，或者成功和失败……我会将世界分成好学者和不好学者。"

好学者拥有成长型思维，不好学者拥有固定型思维。

任何困难都会在发展中被解决，所有杰出的人都拥有一项特别的才能，那就是将人生中的挫折转变成未来的成功。

4 孩子如何拥有成长型思维

（1）改变非黑即白的思维模式

因挫败而厌学的孩子，往往看问题比较片面、极端，非黑即白，常常有绝对化和完美倾向。

他们认为学习不是成功，就是失败。只要没有达到目标，一切都等于零。如果做不到最好，就不如不做。

有个孩子告诉我："在所有比赛中，人们记住的只有冠军，只有第一名才是成功者，如果考了第二，那就是失败者。"

"可是，考第一的只有一个人，谁能保证每次都考第一呢？"

我问。

孩子说："所以我能力差啊，我不是学习的料。"

"按这个标准，大部分人都不是学习的料。"我说。

他叹了口气说："智商不高的人不配学习，不知道为什么还要活着……"

如果考不了第一就是失败，不优秀都不配学习、不配活着，学习和生活的标准实在是太高了。

帮助孩子走出厌学，就得改变这种非黑即白的思维模式。

生活不是一枚硬币，只有好和坏、对和错、成功和失败。生活和学习更像一把尺子，从 0 到 100，不同的刻度代表一点一滴的成长和进步。

不非黑即白，而是不同程度的灰。

没有绝对的成功，也没有绝对的失败。就算你在班里考第一，也很难在全区、全市、全国考第一。

一次考试代表不了什么，升几名降几名都很正常。成绩是变化的，只要持续努力，就会一点点进步，一点点爬升。

（2）改变绝对化的思维模式

有个孩子告诉我："小学时我在班级里经常考前三，升入初中以后，也想延续这个名次。可几次考试都没能达到这个成绩，后来我就灰心丧气了。"

"你的初中是个什么样的学校？"我问。

孩子说："市重点。"

"你想考前三名，一直延续优秀这很好，说明你很有学习动力。

但是名次是要跟同学比的，能考上市重点学校，你的同学都很厉害呀，环境变了我们的期待是不是也得变？"我说。

孩子点点头说："是啊，当时没想这么多。"

环境变了，思维得跟着变，这就是思维的灵活性。如果我们不考虑环境，只追求一样的目标，那就是刻舟求剑。

从幼儿园到大学毕业，孩子的学习时间非常长。不同的阶段有不同的环境，孩子会遇到不同的困难，家庭也会出现不同的境况，父母要根据这些环境的改变提前帮孩子做好心理建设，避免固定化和绝对化的思维阻碍孩子适应环境。

在咨询时，每当我和父母谈到请假休学、考试等话题时，很多父母都会掉眼泪，他们告诉我："如果孩子考不上高中，我真的接受不了""考不上重点学校，我觉得低人一等""一想到孩子上不了好大学，我就想流泪""我不愿意孩子和我一样，我希望他能够出人头地"……

如果父母都接受不了，孩子如何接受呢？

我们常常让孩子改变认知，其实最应该调整和改变认知的是我们自己。扪心自问，对待孩子学习，我们的想法是不是也非黑即白，很极端，"必须得考好学校""职业学校没前途""别的都没用，只有分数最重要"……

（3）无效成功和有效失败

真正决定孩子未来的不是考试名次，而是孩子如何面对所谓的成功和失败。

如果把视野放得长远一点，初高中只是孩子成长过程中的一个节点，一次所谓的成功和失败代表不了什么，单个结果对孩子成长的影响都很有限。真正重要的是孩子能否持续进步，能否从失败中学习提升。

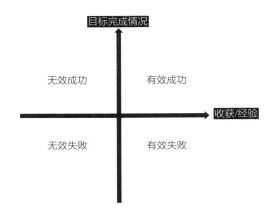

我们常常用成功和失败来定义学习和考试，我觉得相比这个结果，成功和失败带来的成长更重要。

如果孩子因成功而成长，这个成功就是有效成功。如果孩子因成功而没成长，这个成功就是无效成功。

失败也一样。如果孩子可以在失败中成长，这个失败就是有效失败。如果孩子不仅不能在失败中成长，反而被失败打击，这个失败就是无效失败。

有个男孩告诉我："小学和初中我一点儿也不努力，成绩照样很好。所以我认为，学习最关键的就是聪明，只要聪明就不需要努力。努力是笨人才干的事。"

这个孩子高一时因无法达到理想名次而休学。虽然跟期待有差距，但他的成绩并不差，非常可惜。但我觉得，这并不是一次意外。

"聪明的人不需要努力""努力是笨人才干的事"，如果孩子有这样的认知，我觉得迟早他都要摔跟头。

对这个孩子来说，小学和初中的"成功"就是无效成功，没有起到好作用，反而让孩子产生了一种认知偏差。

我经常对女儿说："学习没有成功和失败，只要爱学、乐学都是成功。"

考不好，没有达到目标，不叫失败，只是不够理想，从中总结经验，提高能力，下次做好就行了。

学习是个动词，不必太纠结结果。不管结果如何，努力把事情做好就是成功。

──────────┤ 本章小结 ├──────────

- 孩子躺平摆烂可能是因为习得性无助。孩子不是不想学习，而是无力应对，自我否定。
- 三少做，三多做：少评价，多接纳；少讲理，多共情；少批评，多肯定。
- 拥有固定性思维的孩子认知消极、僵化，自我封闭，倾向于认为一切已经注定，不可能改变。拥有成长型思维的孩子以开放、积极、成长的态度面对不如意，相信通过努力可以改变境遇。
- 帮助孩子走出厌学，要改变非黑即白和绝对化的思维模式。
- 学习没有成功和失败，只要爱学、乐学都是成功。

互动练习 9

和负面想法对话

当内心有负面想法时，可以用以下 10 个问题和自己的负面想法对话。

（1）支持这个想法的证据是什么？

（2）反对这个想法的证据是什么？

（3）有没有别的解释或观点？

（4）最坏会发生什么？

（5）如果发生了，我能如何应对？

（6）最好的结果会是什么？

（7）最现实的结果是什么？

（8）我相信这个想法会有什么影响？

（9）我改变这个想法会有什么影响？

（10）如果我是××，处于和××相同的情境，会有什么感受？会怎么想？会怎么做？

第十章　提高孩子适应力，
　　　　从眼高手低到慢慢胜任

1 难以适应新环境导致孩子厌学

　　小王，高一女生，上寄宿学校，每周末回家一次。

　　开学没多久，小王经常在家里哭，周末不想返校上学。父母询问原因，小王含含糊糊，她感觉在学校里很难受：食堂的饭菜太咸，一点也不好吃，自己经常用饼干充饥；宿舍十个同学住在一起，空间很小，洗澡不方便，宿舍太热，晚上有声音，睡不着觉……

　　听了小王的抱怨，父母认为这些都是生活琐事，不是什么大困难。小王以前在离家很近的初中就读，高中是第一次住校，难免要有一个适应过程。

　　父母安慰小王："别人可以你也能行，再坚持坚持，适应一段时间慢慢就好了。"

　　时间一天天过去，小王并没有慢慢适应，反而情绪越来越低落。她经常给妈妈打电话，一边哭一边让妈妈把她接回家。一个月后，小王再也不想回学校上学了。

　　经医院诊断，小王中度抑郁、中度焦虑。

（1）没有发生什么事，孩子为什么厌学

小王妈妈想不通，为什么孩子会厌学？

父母没有高要求，孩子压力不大，成绩一直中游，没有在考试中受挫，也没有和其他人发生冲突。看上去一切都很正常，孩子为什么会厌学抑郁呢？

小王的"厌学"其实不是真厌学，而是伪厌学。她并不讨厌学习，她的困难是环境适应问题。人是环境中的人，受环境影响很大，父母要重视环境对孩子的影响。

第一次住校，生活环境发生了重大变化。以前小王在家里什么都不用操心。从小到大，外婆对她照顾得非常仔细，妈妈包办了她生活上的一切。

现在住校了，生活中有很多不顺利不舒服，一切都得自己搞定，再加上高中学习压力大，无论是身体上还是心理上，小王都没有做好独立生活和学习的准备。

环境适应问题常常被家长忽视。因为很多家长认为适应困难不是问题，是成长过程的必经阶段，只要经过一段时间，这个问题自然会解决。

对于大多数孩子来说可能是这样，环境变化了，孩子刚开始比较难受，经过一段时间的适应和调整，他们能够在新的环境中如鱼得水。

但也有一部分孩子很难适应新环境。如果没有成年人的帮助，他们很难适应过来，状态会越来越差。

在哪些情况下，孩子容易有适应困难的问题呢？

- 阶段性的学业跃升，比如刚上幼儿园、一年级、初一、高一、分班、大一等
- 寒暑假结束，重新回到学校
- 疫情结束后，由居家学习重新回到学校
- 因生活变动搬家，换城市、转学等
- 寄宿，第一次住校
- 由休学到复学

这些情况都涉及一个共同点：孩子的生活和学习环境发生了变化，需要重新适应环境。

在这个过渡阶段，如果孩子没有办法适应新环境，就会产生很多负面的情绪和想法，并因此对学习和生活造成影响。

（2）"别人能适应，为什么你不行"

当我跟家长表达孩子有环境适应困难的时候，很多父母无法理解：大家都一样，为什么别的孩子不会这样呢？

很多身处困境的孩子也会反复纠结一个点："为什么别人能行，我不行？"

为什么呢？

因为孩子和孩子不一样啊。

所谓的"大家都一样"，只是身份一样，年龄一样，看起来好像一样，但其实每个孩子的身体感受、压力阈值、内心想法、优势劣势等都不一样。

就拿日常吃饭举个例子：

看起来大家都在吃饭，一天三顿饭，好像都一样。但其中的差异太大了。

有的孩子能吃三碗饭，有的孩子一碗都吃不下；有的孩子爱吃面，有的孩子爱喝汤；有的孩子不吃肉，有的孩子只爱吃肉；有的孩子吃豆腐拉肚子，有的孩子吃香菜就呕吐……

大家都在吃饭，可饭量、口味、喜好差异太大了。

吃饭的差异是看得见摸得着的。在看不见摸不着的心理层面上，孩子之间的差异更大！可我们经常忽视这种差异，一味地要求孩子"别人能行，你也应该行"。

（3）"为什么不能再坚持坚持"

很多父母常常教育孩子："谁都会遇到困难，忍一忍，坚持坚持就好了。不要害怕，不要退缩，做事情要有毅力……"

坚持坚持真的能好起来吗？很多厌学的孩子就是因为坚持不住，丧失了信心。

坚持的确是美德。在每个人的生活中，都有那么一些关键时刻，需要我们把所有的能量聚集起来去迎接考验。这样的时候确实得有点忍耐和坚持的能力。

但是，这样的时刻一定是非常态，不能是常态。如果一个人总是靠坚持和忍耐活着，那生活质量太低了，还有什么幸福快乐可言呢，毕竟人不能一直靠坚持活着呀！

孩子还是未成年人，身体和心理都处于成长发育的关键时期，应该是被保护被关心被照顾的时候，更加不能天天只是忍耐和坚持。

父母常常认为坚持是个态度问题，每个人都有这样的潜力，只是选不选择、愿不愿意的问题。其实不是这样的。坚持不是态度问题，而是能力问题。坚持需要足够的能量，不管是体力上、心智上还是精神上，并不是想坚持就一定能坚持住的。

大多数厌学的孩子不是不坚持，而是已经坚持很久了，当问题爆发出来的时候，常常是他们再也坚持不住的时候。

如果孩子有焦虑、抑郁的困扰，"坚持坚持"对他们来说就更困难了。不少厌学的孩子去医院检查都是中度或高度抑郁，身体和心理早已到达极限，厌学是他们最后的崩溃。

（4）孩子难以适应环境的三个原因

如果一个成年人不喜欢他的工作，一定是他自身的问题吗？

比如一个天马行空、崇尚自由的人去做行政或者财务工作，他坐不住，太受约束，难以适应，一定是他本人的问题吗？

这得具体问题具体分析，可能有这个人自身的问题，也可能有工作的原因，也可能是相互之间不太匹配。

同样的道理，一个孩子难以适应新环境也有这三种可能性：

原因一：孩子天生敏感，对环境的要求高。

原因二：环境中存在一些困难，阻碍孩子。

原因三：环境跟孩子不太匹配。

回到本章一开始小王的故事。大部分同学都能慢慢适应寄宿，为什么小王会有困难呢？

孩子的原因：

妈妈说，小王从小就是一个"很挑剔""难抚养"的孩子。小时候经常生病、挑食，身体比较弱，不喜欢运动，因此外婆对她的照顾非常细心。她小学和初中离家很近，一天三顿饭都是在家吃。可以说，小王就是天生敏感，并且被照顾得很好的"温室的花朵"。

环境的原因：

这所寄宿学校的住宿条件确实不太好。宿舍人多面积小，同学在一起免不了相互影响，睡觉都很晚。宿舍管理上比较松散，比较脏乱。

环境和孩子不匹配：

小王属于对环境比较敏感的孩子，现在的食宿条件比较差，孩子和环境的适配性比较低。

别的不说，吃饭就是个大问题。小王很不喜欢食堂的饭菜，基本不吃，靠牛奶和饼干充饥，肠胃经常不舒服。宿舍条件不好，总是睡不好觉。

当吃饭、睡觉这些最基本的生理需要得不到满足的时候，身体和心理都会出问题。小王经常感觉胃疼、恶心、头晕。

父母没有看到小王的困难，没能提供及时有效的帮助，小王的状态每况愈下。她无法安心学习，越来越不喜欢新学校，抵触上学。

2 接纳孩子，高敏感不是劣势，是天赋

小阳和妈妈来咨询时，已经休学半年多了。初一上学期，小阳开始断断续续请假，她感觉在学校非常难受，胸闷，心慌，有时候手还会抖。经医院诊断，小阳中度焦虑、轻度抑郁。医生建议减少压力，多休息多放松。

今年9月复学，小阳只去了一个星期，就退回来了。她说："学校太难受了，比一年前更难适应。班里很吵，待一会儿就头疼。胸部憋闷，心脏难受，喘不上气来，像要窒息一样。"

妈妈觉得小阳"说得太夸张"，去上学又不是去战场。孩子就是"神经质""想得太多""太脆弱""没毅力"。

妈妈劝她别想那么多，小阳很生气："你一点儿也不理解，我自己也不想这样啊！"

（1）高敏感孩子更容易厌学

在厌学的孩子里，高敏感的孩子占了绝大多数。不管是身体上还是心理上，这些孩子都要比一般孩子敏感。

很多厌学的孩子会有一些身体方面的状况，比如：过敏、鼻炎、哮喘、胃炎、湿疹、心悸等。孩子从小身体就比较弱，大毛病没有，小毛病不断，经常感冒发烧，身体比较敏感。

一般来说，身体敏感的人心理也会比较敏感。因为身体感受和心理感受会交叉影响。

高敏感的孩子天生拥有更发达的神经系统。

他们能够从外界感受到更多，能够感知到事物细微的差别。比如，有的孩子对声音格外敏感，有的孩子对气味特别敏感，有的孩子对衣服的舒适度要求很高。

高敏感的孩子还拥有更活跃的想象力和更丰富的内心世界，会对感受到的信息进行更深入的加工。比如，有些孩子的情感特别丰富，有些孩子想得特别多、特别细。

这就意味着，不管是身体感受到的信息，心理感受到的信息，还是心理加工出来的信息，高敏感的孩子都比平常人感受到的要多得多。

如此一来，大脑"硬盘"很快就会被填满，孩子会深陷各种感受和想法中，不堪重负。

小阳就属于高敏感孩子。妈妈说小时候小阳就容易一惊一乍的，听到大人吵架，她经常哭着问妈妈："妈妈，你是不是不高兴了？你会和爸爸离婚吗？"

小阳说班里很吵，让她感觉要窒息一样。在妈妈看来，这有点故意夸大，空穴来风。但很有可能，在小阳的感受里就是这样。如果你是高敏感型的人，其他人觉得再正常不过的声音可能对你而言就是无法忍受的噪声。

对此我有亲身体验，我就是高敏感型的人。当我处于喧闹的人群中，比如参加宴会，我常常会感觉信息过载，大脑被信息塞得不留缝隙。别人感觉很兴奋，我觉得特别累，消耗很大，筋疲力尽。

我相信小阳，对她来说，班里的声音就是很吵，上学的感受就是如此让人窒息和崩溃。

（2）高敏感孩子容易被情绪困扰

高敏感型的人，感受强烈且多，容易深陷在感受里，不容易复原。

而复原型的人，比较钝感，即使身处信息洪流，他们的感受也不强烈。感受少波动就小，他们很容易复原，不容易陷在感受里。

据统计，在我们身边，每5个人就会有1个高敏感型的人。全球有15亿人是"高敏感族"。

很多孩子不是"毛病多""神经质"，也不是"太脆弱""太矫情"，更不是"故意拖延""没事找事"，而是因为他们本身是高敏感型的人。

高敏感的孩子对环境要求比较高，特别是在新环境的适应上，容易出现困难。

研究显示，在有挑战的环境中，高敏感的孩子更容易出现强烈的生理反应，比其他孩子更容易生病。当压力较大的时候，高敏感的孩子也更容易出状况。

高敏感孩子的特点：

- 能够感知更多信息
- 拥有丰富的内心世界
- 更加谨慎小心，思前想后
- 容易受他人情绪影响
- 要求较多，追求完美
- 想得多，容易纠结内耗
- 喜欢探索精神世界

- 喜欢和他人深度沟通

- 更容易自卑

（3）高敏感不是麻烦，是资源

说了这么多，可能很多家长觉得，高敏感一点也不好，高敏感的孩子真麻烦。

硬币都有两面，没有完全的好，也没有完全的不好。高敏感只是一种天生特质，好不好关键要看会不会用。

我以前也曾经被自己的高敏感特质困扰，容易多愁善感，也容易焦虑内耗。学了心理学以后，我吃惊地发现，原来高敏感是上天给予我最好的礼物。

因为敏感，我喜欢文学，容易跟书中的情感共鸣，所以擅长写作。

因为敏感，我才成了心理咨询师，共情能力比其他人更强。

敏感让我感受更多，想象更多，也创造更多。我太喜欢高敏感了！

在心理咨询中，我常常把自己的经历分享给孩子们，他们听了以后如释重负，很受鼓舞。

那些困扰我们的"缺陷"，只要好好利用，就可以变成成全我们的"优势"。还记得前面说的小阳吗？对教室的噪声敏感，让她非常崩溃，复学困难。

告诉你一个好消息：在接受心理咨询一段时间后，小阳成功复学了。并且，她还从事了一个可以发挥高敏感优势的专业——配音。

是不是很有趣？对声音的高敏感曾经让小阳不堪重负，却以另外一种形式成全了她。

每个孩子都有自己的优势。一些看上去的"劣势"也不一定是缺陷。

对于高敏感的孩子，父母要给予更多理解而不是指责，提供更多肯定而不是否定。肯定孩子的独特，发现孩子的优势，帮助孩子发挥出高敏感的天赋，体验更多快乐。

3 增强孩子和学校的适配性

孩子适应困难，有时候跟孩子的先天特质有关，有时候跟客观环境有关，有时候更多是人为因素。在孩子升学、转学、复学的时候，父母如果考虑不周全，常常会给孩子适应环境埋下隐患。

（1）别人眼里的"好学校"，可能是孩子的"滑铁卢"

小苏，初中二年级女生，因抑郁休学。今年小苏已经成功复学，谈起之前的学校，小苏还会不自觉地倒吸一口凉气。

小学时小苏过得非常快乐，父母是放养式教育，非常尊重她的学习兴趣，没有报文化课补习班，小苏的学习完全靠自己。学校和家庭给的压力都不大，小苏在小学过得非常开心。

看着别的孩子补课，小苏妈妈有时候心里打鼓：孩子这么轻松是不是不行啊？中考形势很严峻，再这么下去孩子会不会连高中也考不上？

父母经过商量和讨论，最后把小苏送进了当地最好的一所民办初中。这所学校教学严谨，以分数高、管理严出名。

来到新学校，小苏就开始各种不适应。

首先是作业很多，经常写到半夜。周末也全被学习占用了。老师要求严格，每次测验都会来回纠错。以前懒散的小苏现在每天高度紧张，生怕出错被批评惩罚。

第一学期快结束的时候，小苏感觉自己彻底崩溃了，一看书一写作业就想哭，每天都感觉很累，不想做任何事。妈妈带小苏去医院，发现她既抑郁又焦虑。

小苏的故事并不是个例。很多散养大的孩子，或者成绩一般的孩子，被父母送入所谓的"好学校"后，感觉压力无处不在，很多孩子难以适应，本来开朗自信的孩子可能就会抑郁、自卑、厌学。

经过一段时间的调整，小苏转入另一所初中复学，这所学校不是重点学校。刚开始小苏经常抱怨："这个学校不是好学校，一点儿也不好，老师教得不好，同学也不听课。"

"什么是好学校？"我问。

小苏说："就是我以前那种学校，升学率高，是市重点。"

"可那个学校让你那么痛苦，你都生病了，还是好学校吗？"我问。

小苏想了想："你说得对，对我来说，它的确不是好学校。"

什么是好学校？父母们，你们是怎样定义学校好坏的呢？

在我看来，好学校最起码得有利于孩子身心健康成长。

我不是说重点学校不是好学校。每个孩子的情况不一样，家长在帮孩子择校时，要综合考虑孩子的学习基础、习惯、个性、爱好，还有学校的优势、劣势等因素，不能以学校升学率作为唯一的考量指标。

（2）国际学校的压力不一定小

近些年，很多孩子因为各种各样的原因，可能会从公立学校转入私立或者国际学校，有些孩子会从国际学校转入公立学校，还有一些孩子会出国读高中或大学。在这些时候，孩子的学校环境变化很大，常常会遭遇适应上的困难。

高一男生小新原本一直在公立学校就读。他中考时成绩一般，没有进入重点高中。父母经过讨论，决定送小新去国际学校。

为此，爸爸和小新做了一次深谈。爸爸认为高中的学习压力比初中大很多，以小新目前的成绩和表现，在国内想考好大学非常困难。父母愿意支持他去国际学校就读，虽然多花一些钱，但国际学校的学习压力能够小一些，将来能够选择更多国外学校。

小新听了爸爸的话觉得很有道理，中考的压力历历在目，他也不想继续过三年压力更大的生活。

这个安排好像很完美，可开学没两个月，小新就再也不想上学了。

这次厌学对小新的打击很大，他一度非常萎靡。"公立学校我卷不赢，逃到国际学校，没想到国际学校一样卷，而且我都找不到北，不知道怎么卷。"

很多人觉得国际学校比公立学校轻松，这是一个误解。可能在某些阶段，比如小学阶段，国际学校会比公立学校对学生作业和成绩的要求放松些，但它们的整体要求一点也不低，到了初高中，在学习的很多方面，不仅不低，还会更高。

小新在初中时，最自信的就是英语，可到了国际学校，英语是标配，每个人的英语都很好。不仅英语好，各种综合能力都很强，小新完全找不到自己的优势。

学校不单单是一个学习的环境，更是一种生活方式。孩子转学时要全方面考虑，最好能够找一些过来人详细问问，或者去新环境实地试一试。

很多家长只看到国际学校环境宽松，学习压力小，而忽视了一些其他因素。比如，国际学校对英语的要求高，对孩子主动性、动手能力和思维能力也有很高的要求。有些孩子比较被动，灵活性不高，适应能力弱，转到国际学校就会有困难。

有些孩子在第一次离家住校时也会有适应难的问题。以前在家里，父母照顾得很周全，孩子独立性不强，自律不够，这些都会成为新环境适应上的"拦路虎"。

很多孩子初中或高中就被送到国外读书，他们面临的挑战更大。孩子不仅要适应学习上的要求，更要适应整个文化和生活环境。

一个在加拿大读大学的女生告诉我："高中出国读书对我的影响特别大。在国内读初中时，虽然压力不小，但每天都很开心，因为家人在身边，朋友也很多。高中到加拿大以后，学习压力是小了，但心情并不好，很难融入当地环境，一直都感觉很自卑很孤单。"

不管是升学、转学，还是择校去国外读书，做这些选择的时候，家长一定要多考察，和相关人士多交流，把孩子的情况和现实的各种因素综合考量进去，根据孩子和家庭的特点选择学校，不要超出孩子的能力范围，以减少孩子的适应难度。

转学择校前，一定要多拿出一些时间提前做准备，之后要密切关注孩子的适应情况。

4 怎样帮孩子发展胜任力

考上警校是小辉从小的梦想。从小学开始，小辉的理想就是当一名人民警察。高考后，他终于圆了自己的警察梦。

没想到，开学仅一个月，小辉就想退学了。

学校要求非常严格，从军训开始，小辉的热情就被泼了一盆又一盆冷水。他很想努力做好，却常常力不从心。

他感觉自己空有理想，一点也没有当警察的能力。

小辉感觉自己不是学生，而是战士。

学校军事化管理，从跑操到训练每天都很辛苦，宿舍条件不好，小辉难以适应。

看到同学又高又壮，体能好，爱好多，小辉自惭形秽，非常自卑。他觉得自己完全是选错了路，考错了学校。

想退学又不甘心，想努力又做不好。左也不行右也不行，小辉一直矛盾纠结，经常打电话向父母发脾气哭闹。

妈妈很无奈，不理解孩子为什么这么拧巴："你不是一直想当警察吗？好不容易考上大学，为什么要退学？要不你就努力去学习，要不你就接受现实，不要对自己要求那么高。这也不行那也不行，你到底要做什么？"

（1）孩子"眼高手低"不是坏事

小辉为什么这么纠结拧巴呢？

因为内心太想做好，但现实里好不了，用一个词来形容就是"眼高手低"。

心里有一个高标准，对自己有很高的要求和期待，希望自己优秀，这就是"眼高"。"手低"就是能力有差距，暂时达不到这个标准。

"眼高手低"不是一个贬义词，我觉得眼高手低是所有人在学习和工作中都会经历的一个阶段。得先有了高标准，才可能有能力的突破和提高。一开始都是"眼低手低"，见了世面才有认识上的提高，才能"眼高手低"，等能力提高了才能"眼高手高"。这是一个成长的过程。

孩子刚上大学，眼高手低很正常，关键是能不能突破。

如果一直处于眼高手低的状态里，那就很难受了，对未来要求高、有期待，但没有能力达到。高要求和低胜任力就形成了一对矛盾，这种矛盾、落差和不平衡会让孩子内心很煎熬。一方面躺不平，要求很高，不能接受不好的结果；另一方面又卷不赢，能力不足，没有自信心，无法踏踏实实去努力。孩子就在这两者的落差之间来回晃荡，摇摇摆摆，总处于想干不干的漂浮状态，无处安放自己，不断拧巴内耗。

小辉看上去好像是厌学，学习不下去，想退学，但实际上，他并不是真的讨厌学习，而是无法胜任，被打击、不自信，心理能量低。

心理能量这个东西让人感觉很虚，不好定义，你可以想一想身边的人，同事朋友家人等，有的人心理能量明显很高，整天精神饱满，说话办事有底气，自信心很足。有的人心理能量低，没精神，垂头丧气、自卑、胆怯、容易放弃，胜任力不够。

什么样的环境下，孩子容易眼高手低呢？

孩子对自己的高要求一般来自于家庭和父母。当孩子比较小的时候，父母对孩子要求较高，特别是在学习方面高期待、高要求，孩子会从父母那里习得并内化这些标准。

等孩子长大些，这些想法和观点就会慢慢内化成孩子自己的，这时候就不是父母要求孩子了，而变成了孩子对自己的高期待、高要求。

"手低"就是孩子独立性不强，能力不足。能力不是天生的，都是后天学来的。

包办型的家庭，孩子常常就会"手低"。因为父母包办了孩子的一切，孩子自己不去做，能力不会长在孩子身上。

小辉的家庭教育就是这样。

一方面父母非常强调学习，在学习上对小辉严格要求，批评指责非常多。

另一方面父母认为"你只要好好学习就行了，别的什么都不需要操心"。除了学习，小辉在家里什么都不干。做饭、洗衣、收拾房间，衣食住行都是父母包办。

这种养育模式就形成了小辉在学习上对自己要求很高，在生活的其他方面能力较弱，独立性较差。

（2）父母慢慢放手，孩子渐渐独立

家庭教育的本质是让孩子独立，需要全面培养孩子各方面的能力，不仅仅是考高分、考大学。孩子以后要在社会上独立生活，家庭教育得做好孩子独立之前的准备。

我常常跟父母说，当孩子出现适应困难的时候，就是我们发现问题的时候。孩子被困难卡住，说明孩子缺少某些能力，这正好暴露了家庭养育中的问题。父母要查漏补缺，帮助孩子发展能力。

帮助孩子发展能力，父母要放下对孩子的包办和控制，重视孩子生活能力的培养。父母慢慢放手，孩子才能渐渐长大。

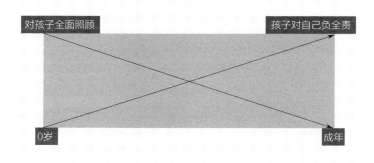

孩子成长的过程就是父母放手的过程。

从出生到成年，父母的养育方式不是一成不变的，而是要根据

孩子年龄和能力慢慢放手，让孩子渐渐接管和掌控自己的生活。

在孩子刚出生时，父母需要照顾孩子的吃喝拉撒，这个时候父母需要包办一切。

孩子一天天长大，由怀抱着到手牵着，由全部包办到孩子自己的事情自己做，父母对孩子的控制和包办在一点点减弱。

与此同时，孩子的自主性一点点加强。等到孩子完全独立成人，父母的控制感降到最低，孩子可以完全对自己负责了。

很多父母习惯陪孩子写作业，孩子已经小学高年级或者初中了，父母还陪在身边。

我不反对父母陪孩子写作业，孩子一上小学，父母应该有一段时间陪在孩子身边，这种陪读并不是为了作业本身，而是帮助孩子养成好习惯。一旦孩子有了可以独立完成的能力，父母就要往后撤。

这就好比，孩子很小时需要喂饭，等他自己会吃了就不能再喂了。孩子不会洗澡时，父母可以代劳，等他自己会了，父母就不能再代劳了。

对很多父母来说，这是一个挑战。因为父母不放心，他们担心孩子做不好。请注意，这种担心是父母的，其实孩子已经可以自己完成了。

（3）信任孩子，成长就是不完美

孩子的胜任力发展需要一个过程，只有在父母给予充分的自主时才能够生长出来。

所有事都可以归结到两个点：第一，自己想做；第二，有能力做好。

自己想做就是自主性，能做得好就是胜任力，这两者相辅相成。有了充分的自主性，才能发展出胜任力；有了胜任力，孩子会更加自主自觉。

一个妈妈经常因为叫起床和儿子发生冲突。

每天早上 7:00，她准时敲门进入儿子房间，开始好言好语叫儿子起床，看儿子没动静，声音很快提高，脾气也上来了。如果儿子皱皱眉头，拖拖拉拉，妈妈就开始生气。

儿子也没好气，然后两人就吵起来了。

妈妈说："孩子每天都这样，上学好像给我上的，我现在一进他房间就生气。"

"让他自己上个闹钟行不行？"我问。

妈妈一摆手："那肯定得迟到，真不是我不放手，放手了他真干不好，他太慢了。我试过不叫他，结果那天就迟到了。"

父母希望孩子能够独立做事，但又常常担忧如果不提醒不包办，孩子很难顺畅完成某些事，比如准时到校。

从内心里，父母认为孩子根本不可能自己做得好：你看，事实已经验证了，我们的担心是有道理的，插手也是有作用的。

当父母这么想，刚刚缩回来的手立刻就会再伸出去，"孩子没有我真的不行"。

当一个孩子还没有自主自律的能力，父母放手的确有可能让一切看起来有点糟糕，好像还不如以前帮他做的时候好。

但请相信，这恰恰是一个好的开始，孩子的所有成长都是以"不那么好"为起点的。

不要想着只要你一撒手，孩子立刻能够游刃有余地做好一切。失去父母的催促，孩子可能会暂时迟到，可能乱了套。这时候，他才开始体会到自己需要为结果负责，他需要学会自己想办法解决问题。

随着双方位置和责任的变化，父母和孩子都需要时间来适应和调整，特别是孩子，他们需要一点时间去发展出新技能。

父母要把眼光放得长远些，不能只盯着今天和眼下，要看得远一点。

孩子刚刚开始自己尝试完成时，肯定没有办法像之前有父母帮助的时候那么完美。孩子需要时间，需要多次重复，才能真正胜任。

父母首先要做的就是相信孩子，要给孩子充分的信任："现在做不好没关系，太正常了，每一次成长都有一个这样的过程。成长就是从错误中吸取经验和教训，我相信你有能力做得更好！"

（4）胜任力发展的四个阶段

孩子的胜任力是一点点发展起来的，就像掌握一个新技能，得一天天练习，一点点提高。

一般来说，孩子胜任力的发展会经历四个阶段：

• 阶段一：无意识的无能

这个阶段孩子意识不到自己没有能力，他认为"我才不需要父母呢，他们好烦啊，我都会，我都能做得很好"，实际上他并不能独立完成。

这时候父母最容易越轨干涉了，因为知道这件事孩子肯定会搞砸。这时父母一定要忍住。

我们帮得了孩子一时，帮不了孩子一世。现在的失败不叫失败，对一个孩子的成长来说，哪有失败？教训是成长路上避免不了的学费。

• 阶段二：有意识的无能

这个阶段，现实让孩子意识到"看来这件事也没那么容易，好吧，我还是得想想办法，多用点心思"。

承认和面对现实是解决问题的开始。就算孩子暂时还没有找到有效的方法，他也已经开始采取行动了，对胜任力的学习已经开始了。

这时候，父母还是要忍住，不要一看见孩子的方法不好就自己上手。孩子需要自己去摸索，这是一个能力和心智发展的过程，没有捷径，省不了的。

• 阶段三：有意识的胜任

这个阶段，孩子能够体验到一些胜任感了，"看来我早上抓紧一点就行了""原来多用点时间做题就会提高成绩"。

这时候，父母和孩子都很高兴。孩子可能还没有形成习惯，有时候还会出岔子，但事情在朝着我们希望的方向发展。

• 阶段四：不自觉地胜任

这个阶段，孩子已经形成了习惯，不需要刻意而为就可以做好。就好比我们学会了骑自行车，就不用浑身紧绷了。这是一种完全胜任的状态。父母和孩子都已经不再把这个问题当回事了。

你看，孩子由不胜任变成胜任是需要一个过程的。在这个过程中，最难受的就是刚刚开始的时候。父母一定要忍得住，不要因焦虑和担忧而插手包办，延缓、阻碍孩子发展自己的能力。

（5）家务劳动可以培养胜任力和责任感

我非常建议父母让孩子在家里做家务。可以根据孩子的年龄情况，安排一些力所能及的家务。小一点的孩子可以倒垃圾扫地，大一点的孩子可以洗衣服洗碗。

很多家长觉得，孩子学习时间这么紧张，干吗还要在家务上浪费时间？

我想说，这一点都不浪费时间。家务活非常有利于培养孩子的独立性和责任感。

我们这一代人大多数都是家务劳动的受益者。小时候帮家里干农活，照顾弟妹，洗衣做饭，正是这些琐碎的日常磨炼了我们吃苦耐劳、独立奋斗的能力。

现在的孩子不需要干农活了，如果再不做家务，生活中就只剩下学习了。

条条大路通罗马，路越多孩子越安全。如果只有学习一条路，风险太大了。

如果孩子成绩好还行，他还能在学习上找到自己的价值感。如果学习不好呢？别的什么都不会，也从来没做过，孩子如何找到自己的价值感呢？

我经常说，以前的孩子除了物质匮乏，什么都有——自由、没人管，大把玩耍的时间，广阔的大自然，一大群孩子疯玩，还有磨炼意志的劳动。现在的孩子除了物质不匮乏，其他都匮乏——没有自由和玩耍时间，远离大自然，约不到朋友，不需要劳动，除了学习、做题和考试，什么都没有。

| 本章小结 |

- 孩子难以适应新环境有三种可能：（1）孩子天生敏感，对环境的要求高；（2）环境中存在一些困难，阻碍孩子；（3）环境跟孩子不太匹配。

- 高敏感不是劣势，是天赋，父母要帮孩子认识、接纳自己的天赋。

- 升学、转学、复学时，父母要考虑周全，增强孩子和学校的适配性。

- 孩子都要经历眼高手低的阶段。父母要慢慢放手，帮助孩子发展胜任力。

- 孩子的胜任力要慢慢培养和锻炼，家务劳动可以培养孩子的胜任力和责任感。

互动练习 10

硬币的正反面

硬币有正面就有反面。高敏感也是，有劣势也有优势。和孩子一起讨论高敏感为他带来的优势和劣势，在下面匹配的选项后打"√"。

高敏感的优势	高敏感的劣势
感受深刻□	身体容易不适□
情感丰富□	易疲劳□
艺术感受力好□	想得多□
重视细节□	容易受他人影响□
内心细腻□	内耗□
做事认真□	倔强□
要求高□	矛盾□
想象力丰富□	不被理解□
喜欢深度沟通□	易自卑□
执着□	其他：_____
容易共情□	
创造力强□	
体谅他人□	
其他：_____	

第十一章　提高孩子交际力，
　　　　　从社交焦虑到关系和谐

1 帮厌学的孩子走出社交焦虑

去年，小秦休学一年，今年9月份复学。因为落下很多课，她不得不跟新班级再读一年初二。暑假里，小秦就开始焦虑：新同学会不会知道她休学？能不能接纳她？别人问起为什么休学，她要怎么说？隐瞒实情会不会被揭穿？碰上以前的同学要不要打招呼？上课听不懂，别人会不会认为她好笨？老师会怎么看……

一个问题接着一个问题，让小秦应接不暇，"好累啊，以前就不善于和同学交往，现在更社恐了"。

父母一遍遍安慰，小秦还是忐忑不安，想打退堂鼓。复学没多久，她就不想去学校了，"班里大家都有朋友，没人跟我说话，下了课只能傻傻地一个人待着，好难受"。

父母劝她，"学校是个学习的地方，有没有朋友不重要，你可以看看书，做自己的事"。

小秦觉得父母不能理解她。

（1）没有朋友，孩子更容易厌学不去学校

当孩子说自己很孤单，没朋友，不想上学的时候，你会怎么做？

很多父母都不理解：为什么要这么在意别人的评价呢？没有朋友很正常，不至于厌学吧？

孩子厌学，不想去学校，一方面跟学习有关，另一方面也和人际关系有关。如果在学校里没有朋友或者和同学发生矛盾，很容易影响孩子的情绪。

你可以回想一下自己的青春期，有没有被交朋友困扰过？比如同学给你起外号，说你坏话，发生矛盾，好朋友不和你玩了，不选你当班干部，喜欢上异性……每个人的青春期里或多或少都会有类似的困扰。

人际关系的问题对孩子来说，不是小事，更不是可有可无的事。

与他人建立并保持亲密关系，获得情感滋养的同时也能够爱别人，这是大部分人获得幸福的主要来源。

青春期是人的一生中特别容易感觉到彷徨、迷茫、孤单、寂寞的时候，青春期的孩子对友情的渴望超乎寻常，比成年人要强烈得多。对他们来说，交朋友是人生大事，孩子非常在意同学的看法和评价。

孩子的大部分时间都是在学校里度过的。从早到晚，将近 12 个小时。有的孩子读寄宿学校，24 小时待在学校。人际关系对孩子影响非常大。

家长可能更加关注孩子的学习。但对孩子来说，和同学的关系是他们更加关注的。毕竟，孩子的脑子不可能 24 小时都在想着学习。

一个复学的孩子，就像小秦，休学一年重新回到学校，从家庭的环境重新回到同龄人的社交环境中。在这个过程中，如果能够有个朋友相互陪伴，那太幸运了，孩子对学校的焦虑和恐惧会大大降低，非常有利于成功复学。

（2）孩子为什么会社交焦虑

有社交焦虑的孩子很多都属于敏感、内向、不自信的孩子。他们非常渴望友谊，但因为敏感、内向、自卑，不太擅长在短时间内和他人建立朋友关系。

敏感：孩子的内心戏太丰富了，别人的一些正常反应会被过分解读。孩子非常在意同学的评价和反应，会把同学的眼神、表情、语气、用词等来回揣摩，越揣摩越在意，越容易出现问题，孩子的担忧困扰就越多。

内向：孩子会更倾向于"向内"，而不是"向外"。交朋友都是得"向外"的，指向人与人之间的关系。所以在社交问题上，外向的孩子会更有优势。

自卑：孩子胆怯，心虚，对自己的评价较低。孩子认为自己不够好，这种认知会投射在别人身上，他会认为别人也是这么想的，觉得他不够好不喜欢他。因为害怕被拒绝，孩子就不会主动。

像打个招呼、问个作业，同学没有立刻回复，小秦就会想很多："她是不是不喜欢我？不想跟我说话？这个问题是不是很傻？

我刚才是不是说错了话……"

很可能，同学不回复并不是小秦的原因，只是没有听清楚。一个小小的疏忽，小秦就会加工出一堆内心戏，加上自卑和胆怯，她会习惯性地往后退，不敢主动向前，这样就很难建立起深度关系。

有社交焦虑的孩子大多都情感丰富、行动迟缓，有感受不会表达，有想法不会交流，有意见不会沟通，很容易产生人际关系方面的困扰。

（3）父母如何帮助孩子交朋友

围绕着敏感、内向和自卑，父母可以从三个方面帮助孩子：

● 合理解读他人的反应，适当钝感

首先，父母要理解高敏感孩子的反应特点，带着理解和体恤而非评价和指责，帮助孩子看到事实是事实，内心戏是内心戏。

同学只是没有立刻回信息，并不是对你有意见。"没有立刻回复"是事实，"讨厌你，对你有意见"是未经求证的内心戏。

我们不是别人肚子里的蛔虫，别人也不是我们肚子里的蛔虫。每个人的想法都是自己的感受和猜测，不一定等于事实，尽量不要过分解读。

● 发挥内向者优势，和同学深度交往

不要给孩子贴上孤僻、内向、不善社交的标签。内向不等于不会社交。

内向和外向只是天生的气质类型不同，是获取能量的方式不同，不代表是否擅长交往。

人际交往是一种能力，和学习一样，都是后天习得的。只要内心真诚，掌握一些方法，不管内向还是外向都可以建立较好的人际关系。

很多人对内外向的划分是错误的。**对性格内外向的划分，主要的标准是——精力恢复来源。**

内向的人从内在世界获得精力，外向的人从外部世界获得精力。

比如：你累了，是喜欢一个人待着，还是喜欢找朋友玩玩？

如果一个人待着，可以让你很快恢复精力，那你就是内向的人。

如果你更希望和别人聊聊天，喝喝酒，唱唱歌，吃吃饭，这样才能更快恢复精力，那么你就是外向的人。

在人际交往上，内向和外向各有优势。

外向的孩子在人群中比较兴奋，属于"人来疯"，热衷交很多朋友。

内向的孩子内心丰富、细腻、内敛、沉静、爱思考，更喜欢深度沟通。

如果人数少，两三个人，会更有利于内向的孩子建立深度关系。

• 主动出击，不要被动等待

如果说人际交往有法宝，我觉得一定是主动。

只要孩子主动，就一定能找到朋友。

父母要多鼓励孩子主动出击，而不是被动等待。想结交朋友，就要主动邀请，主动示好，主动表达对他人的欣赏。

在日常生活中，父母要多认可、肯定、欣赏孩子的优点，孩子才能从心眼里认可自己，才敢去做真实的自己。要鼓励孩子表达真实的想法，也要教会孩子一些沟通的技巧，学习如何建立友谊。

针对孩子的劣势和不足，如果不是原则性问题，可以选择忽视。多肯定少否定，多欣赏少批评，才能帮助孩子建立自信。有了自信，孩子才会更愿意主动。

2 被友情所伤，引导孩子处理朋友间的矛盾

小戴最近很抑郁，她和闺蜜彻底闹掰了。

两个女孩从高一开始就形影不离，无话不谈。在小戴的眼里，闺蜜是最了解她的人，也是她这一辈子最好的朋友。没想到，在高二上学期，友谊的小船翻了。

高二一开学，闺蜜交了一个男朋友。从那以后，闺蜜的大部分时间都是陪男友，小戴成了"电灯泡"。

小戴很难过，感觉自己"被背叛""被抛弃"了。既然对闺蜜来说，自己这么不重要，两个人何必交往呢？小戴被友情困扰，经常心烦难过。

有时候她会和闺蜜冷战几天，有时候又忍不住道歉主动示好。两个人合合分分，每次都是小戴主动和好，她感觉闺蜜越来越不在乎她了。

后来两个女孩又一次争吵，又一次不欢而散。这一次，小戴发现闺蜜把她的微信删了！这在以前从来没有过，她彻底崩溃了，整天哭，非常难过，不想再去学校。

妈妈无法理解小戴为什么这么脆弱，"既然这么在乎友谊，你为什么总跟闺蜜发脾气呢？脾气这么差，谁能受得了你，怪不得人家不理你了！再怎么难受，也不能不去上学啊！就这点事，值得整天哭丧着脸吗，跟谁欠你钱似的！"

妈妈的话让小戴更加难过："你什么时候真正关心过我？就会打击我！上不上学是我的事，你少管！"

母女两个人经常因不学习、请假不上学等事情发生争吵。

如果你是小戴的妈妈，你会怎么做？

（1）父母不是法官，是律师

孩子和同学、朋友发生矛盾，很多家长习惯先责备自己的孩子，"别人不好，你也有错啊，你应该自我反省反省""好朋友之间要宽容大度，不要那么小气""你应该理解别人，不要总把别人想得那么坏"。

小戴告诉我："从小到大，当我和同学、朋友一起玩，妈妈总是让我让着别人，多为别人考虑。遇到事情不管是不是我的错，妈妈总会责怪我。我觉得她只在意别人怎么评价，说我是不是家教好、有礼貌，根本不在乎我的感受。"

我相信小戴妈妈的本意是希望孩子不要总责怪别人，要以自我反思和成长为主，毕竟谦让、礼貌、包容、给别人台阶都是美德。

但这样的言行忽视了孩子的感受，让小戴更加委屈和愤怒。孩子对父母很失望，"连妈妈都不能理解我、支持我""我已经这么难受了，父母都不心疼我"。

父母不是法官，不是老师，不是判断谁对谁错的人。父母就是父母，是最爱自己孩子、最心疼自己孩子的人。

孩子在外头受了委屈，带着一肚子难过回到家，父母要多理解多共情，先安抚孩子的情绪，让孩子感觉好受一点。等孩子情绪平复了，再来复盘整件事。不能不顾孩子的感受，劈头盖脸就评价对错。父母要尽量少评价少建议，更不要指责孩子。

父母不是法官，是律师。每个父母都是自己孩子的代言人。有了父母的支持，孩子在冲突中才有底气。

（2）鼓励孩子做自己，学会说"不"

孩子交朋友常常会面临一个困扰：当自己的期待和朋友的想法发生矛盾时，要如何处理？是按照自己的意愿办，还是照顾朋友的需要？

在这方面，小戴感觉很委屈："如果闺蜜想做一件事，我都是先照顾她的感受，即使自己不想做，我也会答应她。反过来就不一样了。当我很想干某件事而她不想做的时候，她会直接说自己不想做，不会顾及我。"

"为什么你不想做，还要照顾她的感受呢？"我问。

小戴想了想说："可能是我比较善良吧。我总习惯讨好别人。"

"这种讨好会让你不舒服啊，你会感觉不公平，很委屈。"我说。

"是的，我不喜欢这样，可又说不出来，下一次还会这么做。"

小戴说。

"假如不讨好对方，会发生什么呢？"我问。

小戴说："别人就会不喜欢我，我就没朋友了。"

因为害怕失去友谊，很多孩子习惯讨好他人，不敢表达自己的真实愿望。他们以为这样的"付出"有利于增进友谊。

其实不然。如果关系中压抑和隐藏了很多的委屈和怨气，这些负面情绪迟早有一天会爆发出来。

而且，就算不会爆发出来，这样"装出来"的友谊也不是真正的心与心的交流。

心理学家萨提亚认为，和谐有三个层次：自我和谐、人际和谐、世界和谐。交朋友就是在处理自我和人际的关系。

得先有自我和谐，才能发展出人际和谐。

如果一份关系让孩子越来越远离做自己，越来越身心不和谐，那么这份关系就有问题。

孩子要学会说"不"，内心怎么想的就怎么表达出来。自己不愿意可以直接说出来，不情不愿地委屈自己反而不会有好效果。

表达自己、拒绝他人会不会伤害友谊呢？

我问小戴："如果朋友真的不想去，你希望她说实话还是伪装起来？"

小戴说："当然是说实话。"

"那会不会伤害你们的关系呢？"我问。

"不会，"小戴斩钉截铁地说，"我希望她对我说实话。"

"对，她说实话不会伤害关系，你说实话也不会伤害友谊啊。两个真实的人才能建立真实的关系。"

我继续说："咱们退一万步说，假如你说了实话，'我不想去'，她不能接受，非得让你改变。那你怎么办呢？"

小戴叹了口气："唉，这样的关系，不要也罢。"

（3）教孩子用沟通处理冲突

不管什么事都有一个学习的过程，交朋友也一样。孩子需要在交朋友中学会交朋友，这中间最重要的就是如何处理和朋友的矛盾冲突。

孩子很单纯，容易过于理想化。他们认为，好朋友就是无话不谈，你懂我我懂你，两个人总是同频共振，不会发生冲突。

父母要多跟孩子聊天，帮助孩子认识到，再好的朋友也会有发生矛盾的时候。夫妻之间、亲子之间，一家人这么相爱，还会经常有不理解、吵架的时候呢，好朋友之间也会发生矛盾冲突，这并不代表他们不适合做朋友，关键还是看双方如何处理矛盾。

青少年心智发展还未成熟，很容易太感性太冲动。情绪一上头，就会去攻击去防御，不容易冷静地考虑后果。说的话、做的事很容易伤人，事情过去了又觉得后悔。

比如，小秦经常跟闺蜜提绝交。两个人只要发生点冲突，就你一句我一句发泄不满。一方说"我对你很失望"，另一方说"和你交往我也很难受"，一方又说"既然这样，就没有必要待在一起了"，另一方赶紧说"那绝交吧"。

两个人被情绪支配着，相互发泄情绪。这样的"沟通"不叫沟通。

有些孩子心里不满，不会直接说出来，他们习惯冷战，疏远对方。

在咨询中经常碰到这样的案例：两个孩子本来关系挺好，不知道发生了什么，突然一方不理另一方了。孩子很困惑，很难过，但是憋着闷着，不会澄清误会，主动化解。两个人相互猜忌，误会越来越深，最后绝交互删联系方式。

可能最初的事情并不大，只是一个小误会，但因为不会处理矛盾，最后成了大问题。

沟通是需要学习的，没有人天生就会沟通。这门课学校不教，课外班不教，孩子是怎么学习的呢？其实，孩子一直在学，所有的孩子都是在家庭互动中潜移默化地向父母学习的。父母就是孩子的沟通老师。

老师的水平决定了学生的水平。如果父母特别会沟通，孩子就会潜移默化地学会这个本领。但如果父母不擅长沟通，经常发泄情绪或者冷战不沟通，那孩子也只能学会这些。

（4）有效沟通的四个步骤

怎样帮助孩子学会沟通呢？

教孩子学习沟通，最好的方式就是和孩子沟通。言传不如身教。提高孩子沟通能力的关键是父母以正确的沟通方式对待孩子。

父母要以身作则，改变自己的沟通模式，用健康和谐的方式和孩子沟通，让孩子见识和体会到沟通的魅力，也可以和孩子一起讨论如何更好地沟通，边学习边练习，双管齐下，帮助孩子慢慢建立和内化沟通的习惯。

有效沟通包括四个步骤：

- 清楚陈述发生的事情，不评价不判断
- 表达自己的感受
- 说出哪些需要导致了这样的感受
- 提出具体的请求

举个例子：

小张同学晚上看手机，10 点还没有睡觉。按照有效沟通的四个步骤，父母要如何跟小张沟通呢？

晚上 10 点了，你还在看手机。——清晰表达发生的事情，不评价，不指责。

我感觉有点担心。——说出自己的感受。

手机的蓝光会影响睡眠，多睡一会儿才能让大脑好好休息。——客观说出产生感受的原因。

我希望咱们晚上 9 点以后都不要再看手机，可以吗？——提出具体的要求。

想象一下，如果你是小张，听到父母这样表达，会是什么感受？

- **四点解释**

第一步要注意的是不要评价，只客观讲事实。

"现在 10 点了，你还在看手机。"这是事实。

"手机都看了一天了，怎么还在看""总在看手机""学习怎么没这么积极"，这些都是评价和指责。

第二步要表达出自己内心的感受。

"我感觉有点担心。"这是感受。

"我觉得你太过分了""我觉得你这样不好""我认为你应该……"这些都是带着指责的想法。

第三步说出导致自己感受的原因。

有时候这一步可以省略，有时候加上一句效果会更好。这一句话可以引导孩子更好地体会情感，扩展认知。

第四步提要求要尽量具体。

"晚上9点以后不要再看手机。"这个要求非常具体，可执行。

"以后少看手机"这个要求不够具体，"少看"是多少，父母和孩子的标准可能不一样。

"你都这么大了，管理好自己。"这个要求泛泛而谈，孩子可能不知道什么叫管理好自己。

• 四点提示

第一，沟通的目的是有效地引导孩子，而不是因为自己想说。父母要克制自己随意评价、脱口而出的冲动。

第二，刚开始练习，语言要尽量简短，不要长篇大论，一旦偏离要马上停下来。

第三，学习一个新技能，都有一个刻意练习的过程。想说的话可以按照上面的四个步骤，多在脑子里过几遍，也可以写下来，不要张口就来。

第四，沟通的关键在语言，也在态度。父母要关注自己的语气、表情、姿势等非语言表达，态度平和，自然放松，才能言行合一，有效沟通。

3 青春萌动，教孩子处理好与异性的关系

潇潇妈妈很苦恼，不知道怎样帮助女儿。

一个月以前，妈妈接到潇潇的电话。女儿在电话里一直哭，说最近非常难受，心情低落，每天都哭，晚上睡不着觉，没办法用心学习，请求妈妈把她接回家。

14岁的潇潇在县城读初中，寄宿，一周回家一次。以前一直很顺利，可最近一个星期，潇潇已经给妈妈打了两次电话。妈妈很担心，赶紧把女儿接回了家。

回到家以后，潇潇的情绪仍然很糟糕，每天都哭，食欲很差，昏昏欲睡。妈妈问她在学校发生了什么，潇潇直摇头，说什么都没有发生。

妈妈不放心，偷偷跟学校的老师和同学打听。老师和同学都说潇潇在学校里很正常，学习成绩稳定，没有被老师批评，同学之间没有冲突，宿舍里也没有矛盾。

可为什么潇潇突然不愿意上学了？

爸爸请一个心理咨询师朋友到家里来跟孩子聊聊天。

朋友来了以后，和孩子单独聊了一会儿，告诉潇潇爸爸："你女儿在学校里喜欢上一个男生，但是那个男生不喜欢她，最近他和另外一个女生好了。"

爸爸一听这番话就火了，原来是早恋了！孩子太不懂事了，都初二了还不好好学习！

爸爸对着潇潇一顿指责，潇潇大哭并把自己反锁在房间里……

从那以后，潇潇什么都不跟父母说了，拒绝就医，拒绝心理咨询。

如果你是潇潇的父母，发现孩子早恋应该怎么办？

（1）喜欢不是错，不要给孩子扣上"早恋"的帽子

我不喜欢"早恋"这个词。早恋，早不早是谁说了算？什么时候应该恋？什么时候是早恋呢？现在的孩子性发育提前，不少女孩在十一二岁就已经来例假了。初潮标志着孩子性发育趋向成熟，已经进入青春期。

时间到了，植物就会开花。从孩子的生理和心理层面来说，青春期来了，孩子自然会对异性更加关注，喜欢上某个人很正常。

往上数三四代人，那时候农村受教育少，结婚早，很多人在二十岁以前就会结婚。现在时代不同了，孩子受教育的时间普遍延长，结婚生育也晚了，十几岁青春萌动就显得"早"了。

现在孩子所处的学校环境和家庭环境，普遍对青春期孩子的相互爱慕和喜欢持否定态度。老师和家长常常认为早恋是不对的，孩子不应该喜欢别人，担忧孩子的精力不放在学习上，会影响学习。

早恋的确可能影响学习，潇潇就是这样。但是，我们家长要意识到，孩子到了一定阶段，是不是会喜欢上别人，父母是没有办法控制的。

不管父母认为对还是错，也不管周围的环境是否接纳，到了一定的年龄，孩子内心有情感需要，就会产生喜欢和爱慕的

感觉。

所有产生的东西都有存在的合理性。喜欢没有错。

既然孩子长大了，就会有长大的烦恼，爱慕和喜欢异性都是这个阶段里正常的事情。

处理青春期孩子的恋爱问题，关键不是应不应该喜欢，而是心里喜欢，要如何看待和处理。喜欢不是问题，问题是孩子还没有完全成熟和独立，学业压力又特别大，父母要知道如何帮助他们面对和处理这份萌动的情感。

（2）不要批评指责孩子

为什么潇潇这么痛苦，却不愿意告诉父母呢？

在因为恋爱问题厌学、抑郁的孩子里，不愿意告诉父母的情况非常普遍。

原因很简单，因为父母不理解，不能提供有效的指导和帮助。

孩子告诉父母，只会带来指责、批评甚至侮辱。就像潇潇，爸爸的反应可能在她预料之中。既然讲出来更麻烦，何必说呢？

什么样的孩子最危险？

在我眼里，最危险的孩子不是抑郁的孩子，不是生病的孩子，也不是粗心不懂事的孩子。这些孩子有困难，但不一定危险。

不求助的孩子才是最危险的。

孩子不求助，遇到事情父母就不知道。父母不了解孩子的生活和情感，不知道孩子整天做什么、和谁在一起，也就不可能帮孩子辨识和阻挡风险。

有父母保护的孩子，就像穿了救生衣。孩子不一定溺水，但万一溺水，有救生衣就能安全。

不求助的孩子，父母就给不了救生衣。不发生意外和困境，孩子也许自己能应对。万一有困境，孩子就会遭遇风险。

孩子不求助不是孩子的问题，是父母的问题。

如果父母愿意倾听孩子，接纳孩子，带着平等、尊重、理解、共情和孩子讨论困难，站在孩子的角度上出谋划策，孩子不可能不求助。

孩子喜欢异性，如果父母认为孩子长大了，有恋爱困扰很正常，以开放的态度和孩子讨论，而不是评价对错，指责孩子，孩子会乐于向父母敞开心扉。

（3）多和孩子谈谈情说说爱

你有没有见过初中生和高中生聊天，没有顾及，肆无忌惮的那种？很多父母在偷偷看了孩子微信聊天记录后都非常惊讶，孩子尽管年龄小，聊天内容却很开放！

不管父母是否接受，青春期孩子对性方面的问题都会比较敏感，同学之间或班级里经常会讨论。孩子生活在其中，就算他没有喜欢的对象，也不可能像小朋友一样单纯，一无所知。

关于喜欢、爱、性发育、性知识等这些话题，青春期的孩子都很好奇，他们会通过各种各样的渠道去了解，有些会和闺蜜或者网友聊，有些会上网搜索，有些会看视频。

那么问题来了，作为父母，你是希望孩子自己去网络上搜索，还是会主动跟孩子聊聊这些呢？

我建议父母主动跟孩子聊聊，说说爱，谈谈性。因为主动地给孩子信息，可以保证孩子的信息更可控，也更科学。

一个高中女孩告诉我："我知道应该上学，就是有时候控制不住自己。因为我男朋友逃课，他经常打电话让我陪他。"

这个女孩的父母非常苦恼。孩子抑郁休学，交了一个男朋友。男生脾气不好，也不爱学习。父母不认可这个男生，但不敢强行干涉。

我问女孩："你喜欢他什么呀？"

"我也不知道，他脾气不好，也不太关心我，也不上进。"女孩说。

"那你跟他在一起是为什么呢？"我很好奇。

"可能是太无聊吧，我很害怕一个人，需要人陪。"女孩说。

"嗯，你很需要陪伴，即使这个男生并不优秀，也好过现在没有人陪是吗？你想和他结婚吗？"我问。

"不会"，女孩很果断，"我觉得他配不上我。"说完这句话，女孩哈哈大笑，"现在找不到更好的，就先谈着，骑驴找马吧。"

"哈哈，你是这么想的，"我也笑了，"上了大学，就能结交更优秀的男生吧？"

"对啊。"女孩说。

"既然这样，那要怎样处理好现在的关系呢？这份感情值得你付出多大的代价？我怕你天天逃课，上不了好大学哦。"我笑着说。

女孩想了想："你说得对，我得把控好自己。"

这次咨询后，这个女孩就去上学了。其实，她知道自己想要什么，只是青春勃发诱惑多，太需要情感就容易陷入情感，无法自控。

在情感上受伤的孩子很多，付出巨大代价的也很多。

随着孩子年龄的增长，他们的生活和情感会越来越复杂。父母对待孩子的人际关系和男女关系，要像对待学习一样重视，多跟孩子聊聊学习以外的事，多和孩子谈谈情说说爱。

4 警惕校园欺凌，做好孩子的守护神

在公立学校读高一的小瑞一直很努力，初中时在学校名列前茅，以优异的成绩考入当地重点高中。高一上学期成绩不错，稳定在班级前十名。可最近几次考试成绩明显下滑。

小瑞说在学校里很心烦，学不下去，上课经常走神，不知道自己怎么了。

妈妈向学校老师了解情况，老师说，小瑞和同学关系不错，在学校没有什么异常。

成绩下降，妈妈很焦虑，经常和孩子谈心分析原因。

小瑞自己也说不清楚，就说某个男同学不喜欢他，有几个男生经常捉弄他，给他起外号。有一次还在自习课上说他"暗恋隔壁班一个女生，人家女生不搭理他，他癞蛤蟆想吃天鹅肉"。所有同学都哈哈大笑。小瑞百口莫辩，自己都不认识那个女生，怎么可能暗恋对方呢？

分析了半天，妈妈觉得还是小瑞自己的问题。学习习惯不好，太分心了，学习效率不高。小瑞很不服气："以前一直都这么学，成绩也不错，怎么现在会有问题？"

如果你是小瑞的父母，如何看待这个问题？小瑞的困扰有没有别的可能性？

（1）校园欺凌并不少见

在心理咨询中，我详细了解了小瑞的情况，澄清了很多细节，比如，谁不喜欢他，他怎么知道的，同学怎么捉弄他，谁起的外号，有没有过激的言行，有没有孤立他，自习课那天到底发生了什么，为什么说他暗恋别人，后来有没有别的事情……

通过分析，我发现小瑞可能受到了校园欺凌。

很多父母认为，学校里有老师管着，要求很严格，同学各学各的，发生校园欺凌的概率很小。这种小概率事件不会发生在自己的孩子身上。

然而，现实情况可能并不是这么简单。校园欺凌的问题在各个国家都很严峻。

2005 年，一项对中国 18 个省份城市中学生的调查结果显示，约 2/3（66.1%）的中学男生和几乎一半（48.8%）的女生在过去的 30 天内曾经历过校园欺凌。

2013 年，上海市的一项调查显示，6 个月内遭受欺凌行为的学生占 17.83%。小学生最高，为 19.26%，其次为初中生（18.26%）、职校生（12.74%）和高中生（8.06%）。

2014 年，一项对上海、广州、北京的 4047 名四年级学生的调查显示，62.1% 的学生曾经卷入过校园欺凌，2/3 的学生在过去 1 个月内旁观过校园欺凌。

2016 年，上海市的一项调查显示，42.6％的学生在过去 30 天内
遭受过不同类型的欺凌。

校外是个大社会，学校是个小社会。虽然近几年，随着国家对
未成年人保护的重视，相应法律法规的出台，校园欺凌的数量逐年
下降。但校园欺凌离孩子并不遥远，父母要引起重视。

（2）起绰号、造谣、孤立都是校园欺凌

当我告诉小瑞妈妈，孩子可能受到了校园欺凌，妈妈很惊讶：
"孩子脾气很好，从来不和同学发生冲突，最近也没有被别人打过，
怎么可能被欺凌呢？"

校园欺凌不一定是身体欺凌，也可能是言语欺凌、关系欺凌、
网络欺凌、精神侮辱，如起绰号、造谣、孤立等行为都属于校园
欺凌。

校园欺凌可以分为两类：直接欺凌和间接欺凌。

• 直接欺凌

直接欺凌是指采用公然、明显的方式进行欺凌。

直接欺凌包括直接身体欺凌和直接言语欺凌等类型。

直接身体欺凌包括打、踢、抓咬、推搡、勒索、抢夺和破坏物
品等行为。

直接言语欺凌包括辱骂、讥讽、嘲弄、挖苦、起绰号等言语
行为。

- **间接欺凌**

间接欺凌是指以较不易被发现的方式进行欺凌，通常会借助第三方进行欺凌。

间接欺凌包括关系欺凌、网络欺凌等类型。

关系欺凌包括传播谣言、社会孤立等；网络欺凌包括发送歧视性的短信和电子邮件等。

青春期孩子特别在意他人评价，也是自尊心较高的阶段，辱骂、造谣、孤立，这些方式对孩子的伤害很大。

对小瑞影响非常大的一件事是自习课上被嘲笑暗恋别人，当时不仅全班同学都在，还有一个老师。先是几个男生起哄，跟老师"反映情况"，老师不明实情附和着说了两句，大家一起哈哈大笑。当时小瑞懵了，他想讲清楚，别人都不听，不少同学跟着那几个男生说他的绰号，说他是"伪君子""太会装了""癞蛤蟆想吃天鹅肉"等。小瑞觉得自己就像当众被扒光了衣服，非常羞耻。

（3）家校互动，多跟学校老师沟通

如果发生校园欺凌，依靠孩子自己处理是非常困难的。父母要站在孩子前面，保护孩子，跟学校和老师沟通情况，帮助孩子处理好校园欺凌的问题。

小瑞妈妈及时跟班主任老师反映了情况，老师非常重视，立刻在班级里召开了班会。让老师更加没有想到的是，班会后，有两名同学向老师报告，他们都曾接到过欺负小瑞的一个男生的要求，要求他们不要和小瑞玩，孤立小瑞。

后来经过老师调查，那个男生和小瑞的成绩不相上下，两个人

是竞争对手。那个男生嫉妒小瑞，两个人经常有一些小矛盾。刚开始，这是一场学习间的正常竞争，但后来随着事情的发展，问题的性质变了。那个男生很后悔，他自己也没有想到这样的行为是校园欺凌，会给小瑞带来这么大伤害。

欺凌者和被欺凌者都是受伤害的人。

孩子是未成年人，他们的成长过程中会遇到各种问题，父母和学校有责任规范他们的行为，帮助他们解决心理上的困惑和痛苦，特别是在涉及伤害自己、伤害他人的原则性问题上，父母和学校一定要多作为，提前预警，化解矛盾。

（4）相信孩子，做孩子的守护神

校园欺凌不仅会发生在孩子之间，还可能发生在老师和孩子之间。

一个小学五年级的男生，暑假开学后不去上学，不写作业，父母一要求去学习、去上学，孩子就在家里大哭大闹，发脾气。

父母跟我介绍：上学期，孩子的班级里发生了校园欺凌事件，老师殴打孩子，致使一个男孩身体受伤，家长投诉，老师被学校处罚。

事情暴露出来以后，家长才重视这个问题。实际上，这个老师已经连续一年多辱骂和殴打孩子，班级里很多孩子都被打骂过，不少孩子因为作业、听课等问题经常被体罚。

这个男孩属于学习好、比较乖的，他几乎没有被老师打过，但经常目睹老师打骂别的同学，产生了心理阴影。可以说，目睹欺凌也属于创伤。

　　孩子的爸爸非常后悔，之前有很多次，儿子向他讲述过老师的言行。但当时没有重视，家长以为老师肯定是为孩子好，老师怎么可能伤害孩子呢。

　　后来，家长给这个孩子转了学校。在新的学校里，经过一段时间调整，孩子的情况才慢慢好起来。

　　欺凌者是老师，这种情况非常少，绝大部分老师都是有爱心，有责任感的。

　　父母要意识到，教育孩子要看当时的情境，不能太绝对，"在学校应该听老师的""老师都是为你好"，这些话都是有条件的。

　　如果老师说得对，孩子是应该听。可如果明显不对，为什么"应该"听呢？往极端里说，网络上报道的老师性侵孩子的案件，怎么解释呢？

　　老师不仅是一种职业角色，更是一个个活生生的人，不排除少数老师为人处事的方式不成熟，可能受情绪影响，可能疏忽，可能犯错。

　　父母要意识到，现在孩子的生活环境比之前要复杂得多。做孩子的守护神，父母要相信孩子，不要一上来就责怪孩子，也不要一味地护短，要根据实际情况，详细了解前因后果，谨慎、小心、妥善地处理孩子的问题。

- 很多孩子有社交焦虑。没有朋友，孩子更容易厌学不去学校。

- 围绕着敏感、内向和自卑，父母可以从三个方面帮助孩子：合理解读他人的反应，适当钝感；发挥内向者优势，和同学深度交往；主动出击，不要被动等待。

- 父母不是法官，是律师，要做孩子的代言人。

- 鼓励孩子做自己，用沟通处理人际冲突。

- 喜欢不是错，不要给孩子扣上"早恋"的帽子，要多和孩子谈谈情说说爱。

- 校园欺凌并不少见，起绰号、造谣、孤立都是校园欺凌。父母要相信孩子，做孩子的守护神。

互动练习 11

为孩子点赞

　　厌学的孩子内心受挫，更需要他人的肯定和鼓励，父母要多认可、多欣赏孩子，为孩子点赞。点赞时要态度真诚，可以夸奖孩子的优点，也可以夸奖某方面的小进步，要尽量说得具体些。

　　如：

　　"我知道你很紧张，但你能硬着头皮走进校园，妈妈为你点赞！"

　　"你今天饭后主动洗碗，真是长大了，谢谢你！"

　　"这周上了四天课，比上周多了一天，有进步哦。"

　　"你内心纯净，待人真诚，一定会有好朋友！"

　　你将如何为孩子点赞？

　　1. _____

　　2. _____

　　3. _____